書いて深める 日本史 論述問題集

第2版

本保泰良
HONPO TAIRA

山川出版社

はじめに

　本書は、高等学校の日本史探究教科書『詳説日本史』（日探705）に準拠した問題集です。この問題集は、教科書の記述の内容を理解することを目的としています。「教科書を精読する」のは、言うのは簡単ですが、実は難しい。そこで、教科書を深く理解するために「問い」を通じて教科書の記述の内容を理解することが重要であると考えました。歴史は暗記科目ではありません。歴史を学ぶには常に「なぜ」という疑問を持つことが大切で、この「なぜ」を考えることで日本史を深めることができます。

　本書の使い方ですが、「**Basic**」でまずは書くことに慣れてください。それから「**Advanced**」で本格的に長めの記述に取り組んでいきましょう。「**Basic**」「**Advanced**」ともに1行あたり20字程度を想定してはいますが、教科書の言葉を参照するなどして、あまり字数にとらわれずに、とにかく書く練習をして欲しいという考えから、字数を限定していません。

　問題は教科書にあわせて、「原始・古代」「中世」「近世」「近代・現代」の順に並んでいます。まずは問題文の「問い」を念頭において、教科書を注意深く読むことが大切です。各問題に教科書（『詳説日本史』）の何ページを参照すればよいかを明記していますので、教科書を手元に置いて参照しながら解答を作成していきましょう。

　なお、「**Advanced**」の問題には 表現 と 思考・表現 の2種類を用意しています。

　　 表現 ＝教科書の記述を要約する問題
　　 思考・表現 ＝教科書の記述と、提示された資料や追加説明をふまえて考
　　　　　　　　 察し、解答する問題

　 思考・表現 は教科書をただまとめればよいのではなく、教科書の記述や適宜つけた＜ヒント＞を参照しながら思考力を働かせる必要があります。国公立大学や難関私立大学で出題される論述問題に解答するには、思考

力・判断力・表現力が必要とされますが、本書の時代ごとに用意された「問い」に向き合うことでこれらの力を養成することができます。

　別冊には、解答例と解答に必要となる＜ポイント＞をあげていますので、自分が作成した解答とよく比較してください。ただ解答例はあくまで例なので、自分なりに解答を作成して欲しい。

　本書は、教科書の内容をいかに効率的に覚えるかという問題集ではありません。教科書を参照しながら問題に取り組み、「書く」ということを通して、思考力・判断力・表現力を養成しようとするものです。「問い」をふまえて教科書を何度も読み、わからない用語を調べ、実際に書いて表現することが、理解を深めることにつながります。こうした地道な取り組みこそが、あなたの学力を伸ばす唯一の方法であり、本書に取り組むことは、教科書と真剣に向き合うことにもなるでしょう。歴史を考える力を身につけ、希望進路を実現されることを切に願っています。

編　者

本書の使い方

Basic　まず、書くことに慣れよう！

Basic 原始・古代

③ 倭の五王

Step1
問題を読む。

Step2
教科書『詳説日本史（日探705）』の参照ページを確認。

問　倭の五王は中国の南朝にあいついで朝貢した。この理由について、2行程度で記しなさい。　　　　参考 教科書 p.27

朝鮮半島南部をめぐる倭国の外交・軍事上の

立場を有利にするため。

Step4
教科書からぬき出して答えを記入。必要に応じて文を整えよう！

Step3
教科書で解答になりそうな部分をさがそう！

Step5
答え合わせ。

……したことが記されている。朝鮮……

……になると日本列島の古墳にも馬具……

来人が海を渡って、多様な技術や文化を日本列島に伝えた。

さらに、朝鮮半島南部をめぐる外交・軍事上の立場を有利にするため、5世紀初めから約1世紀近くのあいだ、『宋書』倭国伝に讃・珍・済・興・武と記された倭の五王❸があいついで中国の南朝に朝貢している。

倭の五王と天皇
❸『宋書』倭国伝に記された……

教科書

Advanced　長文に取り組んでみよう！

近代・現代

95 独ソ不可侵条約

Step1
問題を読む。出題者の意図をつかもう！

Step2
教科書『詳説日本史（日探705）』の参照ページを確認。

問　1939（昭和14）年8月、ドイツはソ連と不可侵条約を締結した。当時の平沼騏一郎内閣は、ドイツとソ連の提携に対して「欧州情勢は複雑怪奇」との声明を出して総辞職した。ドイツがソ連と提携した理由と、平沼内閣が総辞職した理由について考え、10行程度で説明しなさい。　　参考 教科書 p.311／p.316

＜ヒント＞
▶ドイツはのちに第二次世界大戦を勃発させるが、ソ連と不可侵条約を結ぶことはドイツが戦争を行う上で、どのような意味をもたらすのかを考える。
▶日本はドイツと提携関係にあったが、どのような点において関係を深めていたのかを考える。

Step4
教科書の記述やヒント、史料から解答を作成して記入。

適宜、ヒントや史料などが載っています。

ドイツはヴェルサイユ体制の打破を目指し、

戦争を開始しようとしていた。

国との戦争に向けて、ソ連が

すべく、不可侵条約を締結した

Step3
教科書を注意深く読み、解答に使えそうな部分をさがして印をつけよう！

3　第二次世界大戦

三国防共協定　ヴェルサイユ・ワシン…
世界大戦後の秩序を最…

…必要であった。世界経済が好調で規模も拡大していること、…の価値が低く認められていることである。しかし、世界恐…の条件が失われて、1930年代半ばには世界秩序崩壊のきざし…じめた。日本が満洲事変をおこしてワシントン体制をゆさ…る頃、ドイツは、1933年に全体主義体制（ナチズム）を樹立…に、ヴェルサイユ体制の打破をとなえて国際連盟から脱退…には禁じられていた再軍備に踏みきった。イタリアでは…立され（ファシズム）、1935年のエチオピア侵攻をきっかけ…とも対立した。1936年、スペイン内戦がおこると、ドイツ…両国は連帯を強めて枢軸を形成した●。

ソ連は、第1次五カ年計画（1928〜32年）によって重工化…集団化を推進し、急速に国力を高めた。さらに、アメリカの…（1933年）、ソ連の国際連盟加入（1934年）は、国際社会におけ…役割の増大を示した。1936（昭和11）年、広田内閣は、ソ連…する国際共産主義運動への対抗を掲げる**日独防共協定**を結…んだ。イタリアは、翌年これに参加し（**日独伊三国防共協定**）…て国際連盟を脱退した。こうして、国際的孤立を深めていた…イツ・イタリア3国は反ソ連の立場で結束し、枢軸陣営が確…

日中戦争　1935年以降、中国では関東軍によって、華北…政府の統治から離脱して支配しようとする…工作が公然と進められた。同年、イギリスの支援のもとに国民…地域的な通貨の混在状態の解消をはかる改革を実施して、中…経済的統一を進めた。これをみて、関東軍は華北に傀儡政権…**共自治委員会**）を樹立して分離工作を強め、翌1936（昭和11）…本政府も華北分離を国策として決定した。これに対し、中国…いだには抗日救国運動が高まり、同年12月の**西安事件**をき…

（教科書）

●日中戦争中のソ連の出方を警戒していた日本陸軍は、1938（昭和13）年7月から8月にかけて、満洲と満洲両国の国境付近張鼓峰地域においてソ連軍と戦った（張鼓峰事件）。さらに翌1939（昭和14）年5月には、満洲国西部とモンゴル人民共和国の国境地帯でモンゴル・ソ連の大軍事衝突の前に大打撃を受けた（ノモンハン事件）。ノモンハンでまさにソ連と戦闘中だった日本にとって衝撃であった。

Q▶ どのようにして日中戦争から太平洋戦争へと至ったのだろうか。

第二次世界大戦中のヨーロッパ

316　第15章　恐慌と第二次世界大戦

間に描いた有用なる共産主義の“生きている共産…究…止となり、1942（昭和17）年には日本文学報国会が結成された。

第二次世界大戦の勃発　ヨーロッパでは、ナチ＝ドイツが積極的にヴェルサイユ体制の打破に乗り出し…て1938年にオーストリアを併合し、さらにチェコスロヴァキアにも侵略の手をのばした。このような中でドイツは、日本の第1次近衛文麿内閣に対し、ソ連に加えイギリス・フランスを仮想敵国とする軍事同盟と防共協定を強化することを提案した。近衛内閣はこの問題に決…さつかないまま退陣し、1939（昭和14）年初めに**平沼騏一郎**内閣が組閣した。平沼内閣では軍事同盟の締結をめぐり国内に対立が生…じ、同年8月に**ドイツが突如ソ連と不可侵条約を結ぶ**ため（**独ソ不可侵条約**）●、国際情勢の急変に対応し得ないとして総辞職した。

1939年9月1日、ドイツがポーランド侵攻を開始すると、9月3日、イギリス・フランスはただちにドイツに宣戦を布告し、**第二次世界大戦**が始まった。平沼内閣に続く阿部信行（陸軍大将）・米内光政（海軍大将）の両内閣は、ドイツとの軍事同盟には消極的で、ヨーロッパの戦争には不介入の方針をとり続けた。

一方、日中戦争開始以来、日本が必要とする軍需産業用の資材は、植民地を含む日本の領土や、満洲および中国における占領地からなる経済圏（円ブロック）の中だけではたりず、欧米とその勢力圏からの輸入に頼らなければならない状態にあった。しかし、アメリカがアジア・北太平洋地域との自由な交易関係の維持と重要な国益と認識したため、日本が「東亜新秩序」に乗り出したことは、アメリカの東アジア政策への本格的な挑戦とみなし、日米間の貿易は減少しはじめた。さらに日本とドイツの軍事同盟締結の動きが伝えられると、アメリカは1939年7月に日米通商航海条約の廃棄を日本側に通告した。翌年…

（教科書）

Step5
解答例を確認しよう。ポイントが書けていたかもチェック！

95　独ソ不可侵条約

ドイツはヴェルサイユ体制の打破を目指し、戦争を開始しようとしていた。ヨーロッパ諸国との戦争に向けて、ソ連からの攻撃を回避すべく、不可侵条約を締結した。当時、日本とドイツは防共協定を結ぶなどソ連を仮想敵国としており、ドイツがソ連と提携したことは、日本には予想外であった。さらにはノモンハンで日本軍はソ連軍と戦闘中であったこともあって、平沼内閣はこれに対応できずに総辞職した。

＜ポイント＞
①ドイツはヴェルサイユ体制の打破を目指した。
②ドイツはヨーロッパ諸国との戦争に備えて、背後を固める必要があった。
③日本はドイツと防共協定を結び、ソ連を仮想敵国としていた。
④独ソ不可侵条約は、日本にとって予想外の出来事であった。
⑤独ソ不可侵条約成立時、日本軍はソ連軍とノモンハンで戦闘中であった。

＜解説＞
＊ソ連側もヨーロッパの戦争に巻き込まれたくないという観点から、不可侵条約を締結した。

Basic

まず、書くことに慣れよう！

① 更新世と完新世の動物

問　更新世と完新世では、生息していた動物の種類に違いがみられる。この違いについて、具体的な動物名をあげて4行程度で記しなさい。

参考　教科書 p.8〜p.9

② 弥生時代の集落

問　弥生時代に戦いがあったことを示す集落には、どのようなものがあるか。その特徴も含めて、3行程度で記しなさい。

参考　教科書 p.17

③ 倭の五王

問 倭の五王は中国の南朝にあいついで朝貢した。この理由について、2行程度で記しなさい。

参考 教科書 p.27

- -

- -

④ 遣隋使

問 中国の皇帝煬帝は、遣隋使が持参した国書を無礼であるとした。この理由について、1行程度で記しなさい。

参考 教科書 p.34

- -

⑤ 光明皇后

問 藤原光明子は聖武天皇の皇后に立てられたが、律令の規定では光明子が皇后になることは難しかったと考えられる。その理由について、2行程度で記しなさい。

参考 教科書 p.46

----

⑥ 平城京からの遷都

問 桓武天皇はなぜ平城京から都を移したのか。その理由を2行程度で記しなさい。

参考 教科書 p.55

----

⑦ 平城太上天皇

問　嵯峨天皇は即位後、兄の平城太上天皇と対立した。この時、平城太上天皇は
　　どのような動きを見せていたのかについて、1行程度で記しなさい。

参考 教科書 p.57

⑧ 文章経国

問　弘仁・貞観文化では、文章経国の思想が広まった。この思想の広まりの中で、
　　貴族の教養としてどのようなことが重視されたのかについて、1行程度で記し
　　なさい。

参考 教科書 p.59

⑨ 摂政と関白

問 摂政と関白について、その違いがわかるように、3行程度で記しなさい。

参考 教科書 p.62〜p.63

---

⑩ 浄土教

問 10世紀ごろから流行した浄土教の教えについて、3行程度で記しなさい。

参考 教科書 p.66

---

⑪ 院政の開始

問 白河天皇は、子の堀河天皇に位を譲ると院政を開始した。院政が開始された
理由を、1行程度で記しなさい。

参考 教科書 p.78

- -

⑫ 鎌倉幕府と朝廷

問 承久の乱後の鎌倉幕府と朝廷の関係の変化について、2行程度で記しなさい。

参考 教科書 p.95

- -

- -

⑬ 御成敗式目

問 御成敗式目が制定された当初の適用の対象について、1行程度で記しなさい。

参考 教科書 p.96

⑭ 禅宗

問 禅宗である臨済宗と曹洞宗の悟りの境地への達し方について、その違いがわかるように、3行程度で記しなさい。

参考 教科書 p.106

⑮ 建武の新政

問 後醍醐天皇が開始した建武の新政に対して、多くの武士は不満を持った。不満の理由の1つは、土地所有権の確認に関するものであった。後醍醐天皇は土地所有権の確認をどのように行ったのかについて、2行程度で記しなさい。

参考 教科書 p.111

- -

- -

⑯ 日明貿易

問 足利義満が開始した日明貿易は、4代将軍の時に一時中断された。この4代将軍の名前を含めて、貿易中断の理由を1行程度で記しなさい。

参考 教科書 p.116

- -

⑰　徳政一揆

問　正長の徳政一揆と嘉吉の徳政一揆は、要求の実現の仕方に違いがあった。この違いについて、3行程度で記しなさい。

参考　教科書 p.121

- -

- -

- -

⑱　東山文化

問　8代将軍足利義政の時代の文化を東山文化とも呼ぶが、この文化の特徴について、2行程度で記しなさい。

参考　教科書 p.128

- -

- -

⑲ 日蓮宗の日親

問　6代将軍足利義教のころに出た日蓮宗の日親は、幕府などから迫害を受けた。その理由について、2行程度で記しなさい。　　　　　　参考 教科書 p.131

- -

- -

⑳ 貫高制

問　貫高制について、3行程度で記しなさい。　　　　　　参考 教科書 p.133

- -

- -

- -

㉑　南蛮寺

問　戦国時代につくられた南蛮寺と呼ばれた教会堂は、建築上に特徴がある。それについて、1行程度で記しなさい。　　　　　　　**参考** 教科書 p.140

- -

㉒　刀狩令

問　1588(天正16)年に豊臣秀吉が刀狩令を出した理由について、1行程度で記しなさい。　　　　　　　**参考** 教科書 p.144

- -

㉓ 江戸時代の朝廷

問 江戸幕府は1615(元和元)年に禁中並公家諸法度を制定し、さらに朝廷を監視
させるために京都所司代を設置するなど、朝廷統制を徹底した。その理由につ
いて、3行程度で記しなさい。　　　　　　　　　　　参考 教科書 p.158

㉔ 江戸時代の琉球

問 1609(慶長14)年に琉球が薩摩藩の支配下に入ったあとの、琉球と中国との関
係について、2行程度で記しなさい。　　　　　　　　参考 教科書 p.164

㉕　荻原重秀の貨幣改鋳

問　第5代将軍徳川綱吉の時代に荻原重秀の意見で貨幣が改鋳されたが、どのような改鋳が行われたのかについて、2行程度で記しなさい。　参考　教科書 p.178

㉖　朝鮮との関係

問　新井白石らの正徳の政治で行われた、朝鮮の通信使への対応の変化について、4行程度で記しなさい。　参考　教科書 p.179

㉗　蘭学発達の契機

問　なぜ日本で蘭学が発達したのか。この契機となった徳川吉宗による政策について、2行程度で記しなさい。

参考　教科書 p.193／p.198

- -

- -

㉘　棄捐令

問　寛政の改革で、老中の松平定信が発令した棄捐令とは、どのような政策であったのかについて、2行程度で記しなさい。

参考　教科書 p.204

- -

- -

㉙　関東取締出役

問　関東取締出役が設置された1805(文化２)年ごろの関東の農村の治安状況について、２行程度で記しなさい。

参考　教科書 p.208

㉚　株仲間の解散

問　老中水野忠邦が株仲間の解散を命じた理由について、３行程度で記しなさい。

参考　教科書 p.210

㉛ 万延の貨幣改鋳

問 江戸幕府は1860(万延元)年に貨幣の改鋳を行ったが、その理由と、どのような改鋳を行ったのかについて、3行程度で記しなさい。 参考 教科書 p.224

㉜ 神仏分離令

問 明治政府が1868(明治元)年に出した神仏分離令が、その後の仏教界に与えた影響について、1行程度で記しなさい。 参考 教科書 p.243

Basic 近代・現代

㉝ 自由民権運動

問 松方財政が自由民権運動の支持者であった地主・農民に与えた影響について、3行程度で記しなさい。

参考 教科書 p.249〜p.250

Basic 近代・現代

㉞ 超然主義

問 黒田清隆首相が、大日本帝国憲法発布直後に声明した超然主義の内容について、2行程度で記しなさい。

参考 教科書 p.254

㉟ 日比谷焼打ち事件

問 日露戦争後、講和条約に不満を持った人々が日比谷焼打ち事件を起こしたが、どのような点に不満を持ったのか、1行程度で記しなさい。 **参考** 教科書 p.263

㊱ ヴェルサイユ条約

問 第一次世界大戦後、ヴェルサイユ条約で認められた日本の権益などについて、3行程度で記しなさい。 **参考** 教科書 p.273

Basic 近代・現代

㊲ 治安維持法の改正

問 1928(昭和３)年に行われた普通選挙制による最初の総選挙では、これまで非合法活動を余儀なくされていた日本共産党が公然と活動を開始した。こうした動きに対して、田中義一内閣は治安維持法を改正した。どのように改正したのかを、２行程度で記しなさい。

参考 教科書 p.302

Basic 近代・現代

㊳ GHQ と天皇

問 GHQ が天皇を戦犯容疑者に指定しなかった理由について、２行程度で記しなさい。

参考 教科書 p.327

㊴　GHQ の労働政策

問　GHQ の労働政策が、労働基本権の確立と労働組合の結成支援に向けられた
理由について、2 行程度で記しなさい。

参考　教科書 p.329

- -

- -

㊵　日中共同声明と台湾

問　1972(昭和47)年、田中角栄首相が訪中して日中共同声明を発表した。このあ
との日本と台湾の国民政府との関係について、2 行程度で記しなさい。

参考　教科書 p.354〜p.355

- -

- -

Advanced

長文に取り組んでみよう！

1 旧石器時代の生活

問 更新世における人類の生活の状況について、11行程度でまとめなさい。その際、この時代に日本列島に居住していた人類が使用していた石器の名称(漢字4字)と、その石器がどのように使用されていたのかを説明しなさい。また、食料獲得の方法や居住の仕方についてもふれなさい。

参考 教科書 p.8

5

10

原始・古代
2 ▷ 気候の温暖化

問 今から約1万年余り前における地球環境の変化を、11行程度でまとめなさい。その際、動植物の様子や気候の温暖化にともなう日本列島の状況の変化についてもふれなさい。

参考 教科書 p.6〜p.9

問 縄文時代の特徴について、次の用語を用いて6行程度でまとめなさい。

〔用語〕　弓矢　　土器　　石器

参考 教科書 p.8〜p.9

5

縄文時代の人口

問 縄文時代中期の日本列島の人口は、次の表の通りであったと考えられている。表から読み取れる縄文時代中期の人口の分布の特徴を述べた上で、その理由を考え、10行程度で説明しなさい。

	東日本	西日本(近畿以西)	合計
人数	25万1800人	9500人	26万1300人
割合	96.4%	3.6%	100%

(小山修三氏の推計による。北海道・沖縄は計算から除外)

参考 教科書 p.8〜p.9

＜ヒント＞
▶東西の自然環境の違いを考える。
▶落葉広葉樹林の木の実は種類・量ともに豊富である一方、照葉樹林は常に葉が生い茂り薄暗く、人が住みづらい環境であった。
▶木の実は人間のみならず、動物にとっても重要な食料であった。

5

10

縄文・弥生時代の格差

問 縄文時代では、身分の上下関係や貧富の差はなかったと考えられている。こ
のように推定される根拠を、縄文時代と弥生時代の墓制を比較することで、3
行程度で説明しなさい。 参考 教科書 p.11〜p.12／p.15〜p.16

<ヒント>

▶教科書には、弥生時代の出来事として、「多量の副葬品をもつ墓や大型の墳丘墓の出現は、集
団の中に身分差が生じ、各地に有力な支配者が出現したことを示している」との記述がある。

6 戦いの始まり

問 弥生時代は、人々の間に戦いが起こるようになった時代であるとされている。このように考えられる理由を史料にもふれて、12行程度でまとめなさい。

参考 教科書 p.17〜p.18

問 奴国王や卑弥呼は中国の冊封体制下にあり、中国の皇帝に朝貢して君臣関係を結んでいた。奴国や邪馬台国などの国がどのような理由から中国の冊封体制下に入り、そしてどういった恩恵を受けていたかを、政治・経済の両面から考えて、10行程度で述べなさい。

参考▶ 教科書 p.17〜p.19

<ヒント>
▶冊封とは前近代の中国歴代王朝の皇帝が、国際秩序を維持するために周辺国の君主に称号を授けて君臣関係を結んだ外交関係のことである。
▶中国の皇帝から与えられた称号や金印、銅鏡などは、奴国王や卑弥呼にとってどのような意味があったのかを考える。
▶冊封体制に入ることは、自国の安全を考えた際にどのような意味があったのかを考える。

5

10

8 倭王武の上表文

問 「倭王武の上表文」にみられる各地討伐の状況報告は、どのような意図に基づくものであったか。倭国の意図を考えて、10行程度で説明しなさい。

参考 教科書 p.27

＜ヒント＞
▶一見すると倭国の軍事力を中国皇帝に見せつけているようにも受け取ることができるが、中国の冊封体制下にあった倭国には、中国皇帝に各地を征服したことを報告することが重要な意味を持っており、このことで得られる利点とは何かを考える。

5

10

原始・古代 9 ヤマト政権の支配領域

表現

問 稲荷山古墳出土鉄剣と江田船山古墳出土鉄刀の銘文に刻まれている文字から
考えられる、ヤマト政権の支配領域について、5行程度でまとめなさい。

参考 教科書 p.31

10 ヤマト政権の支配体制

問 ヤマト政権の支配体制の特徴を、次の用語を用いて 8 行程度でまとめなさい。

〔用語〕　屯倉　　名代・子代の部　　田荘　　部曲

参考 教科書 p.31〜p.32

5

問　推古天皇の時代、倭国は中国に遣隋使を派遣している。隋の皇帝へ宛てた国書は、倭の五王の時代とは異なり、中国皇帝に臣従しない形式をとり、煬帝から無礼とされた。なぜ臣従しない形式をとったのか。そこに込められた意図を考えて、8行程度で説明しなさい。　参考 教科書 p.33〜p.34

<ヒント>
▶冊封体制の観点から考える。朝鮮半島の諸国は中国の冊封体制下にある。
▶教科書34ページ『隋書』倭国伝の史料では、中国の皇帝と日本の天皇をともに天子と表現している。「天子」は、中国の皇帝にのみ使われてきた用語であったが、それを日本の天皇にも用いた意図を考える。

5

12 乙巳の変

問 蘇我氏本宗家の蘇我蝦夷・入鹿らが中大兄皇子らによって滅ぼされた。なぜ中大兄皇子は蘇我氏本宗家を滅ぼしたのか、その動機を考えて、5行程度で述べなさい。

参考 教科書 p.37〜p.38

5

問 乙巳の変後、大化改新で目指された国家像を漢字6字で答えなさい。そして大化改新が目指した国家像の実現が困難であった理由と、これを克服する契機となった壬申の乱の意義について考え、9行程度で述べなさい。

参考 教科書 p.37～p.38

国 家 像 ：

5

問 7～8世紀ごろ、東北地方や南九州の支配は、中央政府にとってどのような
意味を持ったと考えられるかを、中国と周辺国の関係を念頭に6行程度で述べ
なさい。

参考 教科書 p.44～p.45

<ヒント>

▶中国は周辺国やそこに住む人々を野蛮とみなし蔑視していた。日本はこの中国の中華思想を
取り入れていた。

5

15 長屋王の変

問 次の(1)～(3)に答えて、長屋王はなぜ自殺に追い込まれたのかを考えなさい。
その際、長屋王が自殺したあとに、藤原光明子が皇后になったことに着目して
考えること。

(1) 藤原氏は外戚としての地位が危うくなることに対して危機意識を持っていた。
これはどのような理由によるものかを考えて、6行程度で説明しなさい。

<ヒント>

▶聖武天皇と藤原光明子との間に誕生した男子は、誕生の翌年に死亡した。

▶聖武天皇には、県犬養広刀自との間に安積親王という子がおり、聖武天皇の唯一の皇子と
して皇位継承の有力候補とみなされていた。

....

....

....

....

.... 5

....

(2)　藤原光明子が「皇后」となる際の問題点とは何だったのかを考えて、5行程
　　度で述べなさい。　　　　　　　　　　　　　　　　　　　　参考　教科書 p.46
＜ヒント＞
▶当時、政権の中心にいたのは、皇族の長屋王であった。

5

(3)　前の(1)・(2)をふまえて、長屋王が自殺に追い込まれた理由を5行程度でまと
　　めなさい。

5

問 桓武天皇が平城京を放棄し、長岡京という新しい都に遷都した目的を答えなさい。その際、桓武天皇が天智天皇の孫である光仁天皇の子であることも考慮して、6行程度でまとめなさい。 参考 教科書 p.55

5

問 桓武天皇が長岡京を約10年で放棄した理由を、5行程度でまとめなさい。その際、長岡京の造営責任者と、造営責任者を暗殺したとして逮捕された人物についても明記すること。

参考 教科書 p.55

5

律令国家の東北支配

問 律令国家が蝦夷対策として城柵を設置し、柵戸を移住させた目的について、
4行程度でまとめなさい。　　　　　　　　　　　　**参考** 教科書 p.55〜p.56

徳政相論

問 9世紀初頭に論じられた「徳政相論」の論点と結論を、6行程度でまとめな
さい。

参考 教科書 p.55〜p.56

5

問　平城太上天皇の変の歴史的意義を、藤原氏式家と北家の対立という観点と、
再遷都の阻止という観点から考えて、8行程度で説明しなさい。

参考 教科書 p.57

＜ヒント＞
▶藤原薬子・仲成は藤原氏式家、藤原冬嗣は藤原氏北家の出身である。
▶平城太上天皇は平城京への再遷都を企図していた。

5

問 藤原氏北家が台頭する過程でとった手段について、次のA～Dの事実に留意しながら考えて、10行程度で述べなさい。

A：平城太上天皇の変に際し、藤原冬嗣が任命された蔵人頭について、南北朝時代の公卿である北畠親房は、「力量のない者には希望しても無理な仕事である」と述べている。

B：藤原冬嗣は、一族子弟の教育のために勧学院を設立した。藤原氏の氏長者が管理にあたり、学生に様々な経済的援助を与えた。

C：藤原冬嗣は娘の順子を仁明天皇に嫁がせ、誕生した子は文徳天皇となった。冬嗣の子の藤原良房は娘の明子を文徳天皇に嫁がせ、誕生した子は清和天皇となった。良房は清和天皇の母方の祖父として、摂政に就任した。

D：藤原良房は、承和の変で伴健岑・橘逸勢を退け、さらに応天門の変では伴善男らを没落させた。

5

10

平安時代の文学

問 弘仁・貞観文化と国風文化について、「文学面」における特徴の違いを、次の用語を用いて9行程度でまとめなさい。

〔用語〕　漢詩文　『凌雲集』　かな文字　『古今和歌集』

参考 教科書 p.58〜p.59／p.65〜p.66

5

原始・古代 23 ▶ 平安時代の宗教

問 弘仁・貞観文化と国風文化について、「宗教面」における特徴の違いを、次の用語を用いて10行程度でまとめなさい。

〔用語〕　密教　　現世利益　　浄土教　　末法思想

参考 教科書 p.58〜p.60／p.66〜p.67

5

10

平安時代の女流文学

問 国風文化が花開いた時期に、優れた女流文学が誕生した理由を考えて、7行程度で述べなさい。その際、女流文学の担い手の身分や、摂関家の権限について言及しなさい。

参考 教科書 p.63〜p.66

＜ヒント＞
▶紫式部の父藤原為時、清少納言の父清原元輔はともに国司階級の下級貴族である。

5

25 仏像制作の技法

問 一木造と寄木造の違いを述べるとともに、寄木造の技法の利点と、この技法が用いられるようになった平安時代中期ごろの状況について考え、7行程度で述べなさい。

参考 教科書 p.60／p.66〜p.68

<ヒント>
▶平安時代中期には末法思想が広まった。

5

中世 26 鎌倉幕府の立地

問 源頼朝は、鎌倉を本拠地として幕府を開いた。なぜ源頼朝は鎌倉を選んだの

かを、6行程度で説明しなさい。 参考 教科書 p.91

＜ヒント＞

▶鎌倉は、畿内と東国を結ぶ東海道の要衝の地であった。

▶鶴岡八幡宮は、源頼義が石清水八幡宮を勧請して建立した。

--- 5

---

27 ▶ 北条氏の台頭

思考・表現

問 源頼家は祖父である北条時政によって暗殺された。なぜ源頼家は北条氏によって暗殺されたのかを、次の系図を参考にして考え、6行程度で説明しなさい。

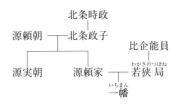

参考 教科書 p.94

5

28 執権政治の確立

問 執権政治の確立に北条時政・北条義時が果たした役割について、次の用語を用いて、10行程度でまとめなさい。

〔用語〕　源実朝　　和田義盛　　承久の乱

参考 教科書 p.94〜p.95

- -

- -

- -

- -

- 5

- -

- -

- -

- -

- 10

中世

29 御成敗式目

問 1232（貞永元）年、北条泰時らによって御成敗式目（貞永式目）が制定された。北条泰時は御成敗式目の制定に際して、弟で六波羅探題として在京中であった北条重時に宛てて、次の**史料**のような書簡を送っている。なぜ泰時は重時に書簡を送ったのかを考えて、6行程度で述べなさい。その際、泰時は重時にどのような役割を期待したのかについてもふれなさい。

史料

> さてこの式目をつくられ候事は、なにを本説（注1）として注し載せらるるの由、人（注2）さだめて謗難を加ふる事候か。ま事にさせる本文（注3）にすがりたる事候ねども、ただどうりのおすところを記され候者也。……この式目は只かなをしれる者の世間におほく候ごとく、……武家の人へのはからひのためばかりに候。これによりて、京都の御沙汰、律令のおきて、聊もあらたまるべきにあらず候也。
>
> （注1）根拠。（注2）朝廷の人々。（注3）漢籍などで典拠となった文章。

参考 教科書 p.95〜p.96

＜ヒント＞

▶承久の乱後の、幕府優位の政治状況の中で制定された式目は、朝廷の人々の注目の的であり、武家が制定した初の式目に対して、六波羅探題であった重時のもとには公家からの様々な意見が届いた。

5

中世
30 鎌倉仏教

問 鎌倉仏教の特徴について、各宗派の開祖の教えにふれて、23行程度でまとめなさい。

参考 教科書 p.104〜p.106

＜ヒント＞

▶浄土教系３宗・日蓮宗・禅宗系２宗、それぞれの考え方の違いや布教方法について記すこと。

5

10

15

20

中世
31 永仁の徳政令

問 1297(永仁5)年、鎌倉幕府は窮乏する御家人を救うために、次の**史料**のような永仁の徳政令を発布したが、この法令の発布後、御家人はいっそう窮乏していく。その理由について考えて、7行程度で述べなさい。

史料

> 一 質券売買地(注1)の事
> 右、所領を以て或いは質券に入れ流し、或いは売買せしむるの条、御家人等侘傺(注2)の基 なり。向後(注3)に於いては、停止に従ふべし。以前沽却(注4)の分に至りては、本主領掌(注5)せしむべし。但し、或いは御下文・下知状(注6)を成し給ひ、或いは知行廿箇年を過ぐるは、公私の領を論ぜず、今更相違有るべからず。
> ……
> 次に非御家人・凡下の輩(注7)の質券買得地の事。年紀(注8)を過ぐと雖も、売主知行せしむべし。
>
> (注1)質入れや、売買した土地。(注2)困窮する。(注3)今後。(注4)売却。
> (注5)領有して支配すること。(注6)幕府が土地の譲渡・売却を認めた公文書。
> (注7)一般庶民。具体的には借上。(注8)取得時効二十年。

参考 教科書 p.102〜p.103

<ヒント>
▶高利貸である借上は、貨幣経済に巻き込まれた御家人にとって必要不可欠な存在であった。

5

中世
32 建武の新政

問 なぜ建武の新政は、わずか2年余りで崩壊したのかについて、次の用語を用いて考えて、12行程度で説明しなさい。

〔用語〕　武家社会の慣習　　二条河原落書　　中先代の乱

参考 教科書 p.111～p.112

＜ヒント＞
▶二条河原落書は、建武の新政の混乱を記している。そうした混乱によって後醍醐天皇の政権は滅びると予告している。

5

10

33 ▶ 南北朝の動乱

問 南北朝の動乱は、1336(建武3)年、足利尊氏が建武政権に反し、持明院統の光明天皇を擁立してから、1392(明徳3)年、足利義満の時の南北朝の合体まで続いた。南北朝の動乱が長期化した要因について、次の用語を用いて、13行程度でまとめなさい。

〔用語〕　観応の擾乱　　単独相続　　地縁的結合

参考▶ 教科書 p.112〜p.113

5

10

34 守護の権限拡大

表現

問 南北朝の動乱が続く中、なぜ室町幕府は守護の権限を拡大したのか、そして、守護がどのように守護大名化していったのかを、5行程度でまとめなさい。

参考 教科書 p.113〜p.114

5

中世 35 ▷ 半済令

問 室町幕府によって出された半済令の内容とその効果について、10行程度でまとめなさい。

参考▷ 教科書 p.113

....

....

....

....

.... 5

....

....

....

....

.... 10

中世

36 ▶ 地頭請と守護請

表現

問 地頭請と守護請は、それぞれいつの時代に盛んに行われ、どのような内容で
あったかについて、これらの制度が採用された背景にもふれて、9行程度でま
とめなさい。

参考 教科書 p.97〜p.98／p.113

中世
37 傘連判状

問　国人一揆が結ばれる際に作成された、次の写真にみられる文書の形式を何と
いうか。そしてこの形式が採用された理由について、3行程度でまとめなさい。

参考　教科書 p.113〜p.114

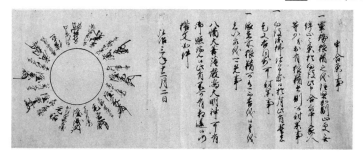

文 書 の 形 式 ：

中世 38 ▶ 足利義満の守護政策

問 足利義満が守護に対してとった政策について、次の用語を用いて、10行程度でまとめなさい。

〔用語〕　管領　　侍所所司　　明徳の乱　　奉公衆　　守護在京の原則

参考 教科書 p.114〜p.115

5

10

39 日明貿易と日朝貿易

問 日明貿易と日朝貿易における相違点について、16行程度でまとめなさい。日明貿易を論述する際、4代将軍足利義持が一時中断したにもかかわらず、6代将軍足利義教が再開した理由にもふれなさい。　**参考** 教科書 p.116〜p.118

5

10

15

中世 40 ▶ 惣村

問 中世に形成された惣（惣村）の持つ特徴について、11行程度でまとめなさい。
その際、村の運営のあり方と、領主への年貢の納入方法についてもふれなさい。

参考 教科書 p.119〜p.120

5

10

41 分一徳政令

問 分一徳政令とは、債権額・債務額の10分の1ないしは5分の1の手数料(分一銭)を幕府に納入することを条件に債権の保護または債務の破棄を認めた徳政令である。次の(1)・(2)に答えて、なぜ室町幕府が分一徳政令を発布したのかを考えなさい。

(1) 土民らは高利貸への債務破棄を要求する徳政一揆を起こしたが、室町幕府にとって徳政令を発布することは、幕府財政の困窮と深く関係していた。この理由について考えて、7行程度で説明しなさい。 **参考** 教科書 p.115

(2) 前の(1)をふまえて、室町幕府が分一徳政令を発布した理由を考えて、7行程
度で説明しなさい。 参考 教科書 p.120〜p.121

＜ヒント＞

▶土一揆の要求と土倉・酒屋の要求は、正反対のものである。

▶室町幕府が徳政令を発布するか否かの判断は、どのような点にあったのかを考える。

5

42 『神皇正統記』

問　北畠親房が『神皇正統記』を著した意図について考えて、5行程度で述べな
さい。

参考　教科書 p.125〜p.126

＜ヒント＞
▶南朝の正統性を主張した歴史書を著すことの意味を考える。
▶『神皇正統記』は常陸国小田城で書かれ、東国武士たちに読まれることを意識して書かれた
と考えられている。

5

中世 43 北山文化

問 北山文化の特徴について、次の用語を用いて、12行程度でまとめなさい。

〔用語〕 五山・十刹 五山文学 能

参考 教科書 p.125〜p.127

5

10

中世 44 室町幕府の将軍

問 室町将軍の権力の推移について、次のA～Dの事実に留意しながら考えて、15行程度で説明しなさい。

A：3代将軍足利義満は、京都の市政権や段銭の徴収権などを幕府の管轄下に置くとともに、幕府機構の整備を行った。また有力守護勢力の削減に努め、さらには南北朝の合体を実現した。

B：4代将軍足利義持の時代には上杉禅秀の乱が発生したが、この乱以外に大きな反乱はなく、比較的安定していた。

C：6代将軍足利義教は有力守護を弾圧したため、嘉吉の変で殺害された。

D：8代将軍足利義政の時代には、応仁の乱が起こった。有力守護家や将軍家で家督争いが発生し、東軍と西軍に分かれて京都を中心に戦われた。争乱後、有力守護は京都を離れて自らの領国へ帰っていった。

45 宣教師の布教活動

問 キリスト教宣教師によって建てられた教会堂は「南蛮寺」と呼ばれ、仏教寺院を改造したものが多かったとされる。このことから、キリスト教宣教師のどのような意図が考えられるか。5行程度で説明しなさい。

参考 教科書 p.139〜p.140

5

近世
46 南蛮貿易の特徴

問 戦国大名の中には、洗礼を受けてキリシタン大名となる者が現れた。なぜこうした動きがみられたのかを、南蛮貿易の特徴から、4行程度でまとめなさい。

参考 教科書 p.139〜p.140／p.145

近世 47 バテレン追放令

問 豊臣秀吉は、バテレン追放令を発令して宣教師の国外追放を命じるなど、キリスト教を取り締まったが、徹底されなかった。その理由を次のバテレン追放令の**史料**を参考に、5行程度で説明しなさい。

史料

> 一 日本ハ神国たる処、きりしたん国より邪法を授け候儀、太以て然るべからず候事。
>
> 一 其国郡の者を近付け門徒になし、神社仏閣を打破るの由、前代未聞に候。
>
> 一 伴天連（注1）、其知恵の法を以て、心ざし次第に檀那（注2）を持ち候と思し召され候ヘハ、右の如く日域（注3）の仏法を相破る事曲事に候条、伴天連の儀、日本の地ニハおかせられ間敷候間、今日より廿日の間ニ用意仕り帰国すべく候。
>
> 一 黒船（注4）の儀ハ商売の事に候間、各別に候の条、年月を経、諸事売買いたすべき事。
>
> （注1）バテレンはポルトガル語のパードレ（神父）の音訳で、外国人宣教師のこと。（注2）信者。
> （注3）日本。（注4）ポルトガル・スペイン船。

参考 教科書 p.145

<ヒント>
▶南蛮貿易とキリスト教の流入は、不可分の関係であった。

5

近世 48 豊臣秀吉の対外政策

問 豊臣秀吉は、琉球王国・マニラのスペイン政府・高山国などに服属と来日を
求めるとともに、明への出兵を計画した。豊臣秀吉のこのような計画には、当
時の東アジア情勢が深く影響している。この情勢にふれながら、豊臣秀吉の計
画の意図を5行程度でまとめなさい。 参考 教科書 p.145～p.146

5

49 一国一城令

近世

問 1615(元和元)年、江戸幕府は「一国一城令」という法令を出した。この法令は、「江戸幕府」「諸大名」「諸大名の家臣」のそれぞれにどのような意味のある法令であったのかを、次のA〜Dの事実に留意しながら考えて、12行程度で説明しなさい。

A：1615(元和元)年の「一国一城令」は、薩摩の島津氏・佐賀の鍋島氏・萩の毛利氏などの西日本の大名に対して出されていて、1615年時点で東日本の大名に出された「一国一城令」は見つかっていない。

B：諸大名は自らが支配する領内に多くの城を持っていたが、「一国一城令」によって大名が住む城以外は壊さざるを得なくなり、大名の力が削減されることになった。

C：諸大名は当初家臣に領地を与え、家臣による領民支配を認めていた。これを地方知行制という。家臣も城を持っており、主人である大名と同等の軍事力を持つ家臣もいた。

D：「一国一城令」によって城を失った大名の家臣は、城下町に集住するようになり、大名の居城で大名の藩政を分担するようになった。給与は、藩が徴収した年貢米から支給されるようになった。この制度を俸禄制度という。

参考 教科書 p.155／p.157

5

10

近 世　77

近世 50 参勤交代

問　次の(1)〜(3)に答えて、江戸幕府がなぜ参勤交代を制度化したのかを考えなさい。

(1)　参勤交代制度化の理由について、「諸大名の経済力を削減するため」とされることがある。しかし、現在ではこの理由を否定する意見も多い。この理由を否定する根拠を武家諸法度(寛永令)から言葉を抜き出して、4行程度で説明しなさい。

参考　教科書 p.156〜p.157

・・

・・

・・

・・

(2)　江戸時代には、封建制度のもとで、将軍と大名は「御恩」と「奉公」の関係で結ばれていた。この「奉公」にはどのようなものがあったのかを、4行程度でまとめなさい。

参考　教科書 p.155

・・

・・

・・

・・

(3) 前の(1)・(2)をふまえて、江戸幕府が参勤交代を制度化した理由を考えて、6
行程度で説明しなさい。

＜ヒント＞
▶江戸時代は、天下泰平が長く続いた時代であった。

5

近世 *51* 大井川の役割

問 徳川家康は将軍職を子の秀忠に譲ったあと、駿府に移った。駿府の西には大井川が流れているが、江戸時代を通して大井川には橋が架けられず、川を渡る際には次の図のような光景がみられた。なぜ大井川には、橋が架けられなかったのか。「軍事的」な観点から考えて、3行程度で説明しなさい。

＜ヒント＞
▶江戸幕府は東日本に置かれた政権であった。

....

....

....

52 幕府の職制

問 江戸幕府の最高裁判所にあたる評定所を構成した老中や三奉行などの役職は、原則、複数制・月番交代が採用されていた。なぜこうした体制がとられたのかを考えて、6行程度で説明しなさい。　**参考** 教科書 p.156〜p.157

<ヒント>

▶役職に数名が就任する複数制と、1人で1カ月の政務を担当する月番交代には、どのような利点があるのかを考える。

5

問 江戸時代の寺院は、中世における寺院とどのような点で違いがあるか。次の
用語を用い、寺院が社会に果たす役割という観点から考えて、10行程度で説明
しなさい。

〔用語〕　僧兵　　一揆　　檀家　　諸宗寺院法度

<ヒント>
▶中世の寺院については、教科書 p.79〜p.80／p.123／p.131〜p.132／p.141を参照。
▶江戸時代の寺院については、教科書 p.159〜p.160を参照。

5

10

54 ▷ 長崎貿易

問 江戸時代の鎖国体制下における長崎貿易の特徴について、来航する貿易船、
貿易品における共通点、来航した人々の居住区域にそれぞれふれて、5行程度
でまとめなさい。　**参考** 教科書 p.162〜p.163

5

近世 55 ▶ 対馬藩と松前藩

問 対馬藩と松前藩における藩主と家臣の主従関係は、他藩の藩主と家臣の主従
関係とは異なる特徴を持っていた。この特徴について、9行程度でまとめなさ
い。

参考 教科書 p.157／p.163〜p.164

-- 5

近世 56 村と百姓

問　江戸時代の村で行われていた自治について、12行程度でまとめなさい。その
際、本百姓と本百姓以外の人々との村政参加における相違についてもふれなさ
い。

参考　教科書 p.168〜p.169

5

10

近世 57 町と町人

問 江戸時代の町で行われていた自治について、8行程度でまとめなさい。その際、町に住む住人の種類と彼らの町政参加における相違についてもふれなさい。

参考 教科書 p.170〜p.172

5

近世 58 殉死の禁止

問 次の(1)〜(3)に答えて、なぜ4代将軍徳川家綱の時に「殉死の禁止」を命じたのかを考えて、説明しなさい。

(1) 4代将軍徳川家綱のころの社会情勢について、このころに起きた幕府転覆計画にもふれることで、6行程度でまとめなさい。 **参考** 教科書 p.176

----

5 --

----

(2) 牢人やかぶき者と呼ばれた人々は、どのような社会になることを望んでいたのか、4行程度で考えて説明しなさい。 **参考** 教科書 p.176

＜ヒント＞
▶戦国時代、武士は戦いで功績をあげることで、主人から恩賞を得ていた。

----

(3) なぜ幕府は「殉死の禁止」を命じたのかを 8 行程度で考えて、説明しなさい。

参考 教科書 p.176〜p.177

5

近世 59 ▶ 元禄小判

問 次の(1)～(3)に答えて、なぜ5代将軍徳川綱吉の時代に元禄小判が鋳造された
のかを説明しなさい。

(1) 江戸幕府の財政収入について、2行程度でまとめなさい。　**参考** 教科書 p.156

(2) 5代将軍徳川綱吉の時代に、幕府財政は転換期を迎えた。この内容について
5行程度でまとめなさい。　**参考** 教科書 p.178

5

(3) なぜ幕府は元禄小判を発行したのか。その際、貨幣改鋳を上申した人物とその役職、貨幣発行にともなう社会への影響にもふれて、7行程度でまとめなさい。

参考 教科書 p.178

5

近世 60 五街道

問 江戸時代の五街道の中には、江戸幕府の権威を示すことを目的として整備された と考えられる街道が存在する。この街道の名称を答えなさい。また、この 街道の特徴について、6行程度で説明しなさい。 **参考** 教科書 p.165／p.182〜p.183

＜ヒント＞
▶将軍家による終着点への参拝が何度も実施されている。
▶朝廷は終着点に例幣使を派遣している。

街 道 名 ：

5

近世
61 金貨と銀貨

問 江戸時代に用いられた次のⅠとⅡの貨幣の使用法と流通地域の相違について、7行程度でまとめなさい。

Ⅰ 　Ⅱ

参考 教科書 p.184〜p.185

5

62 上げ米

近世

問 1722(享保7)年、8代将軍徳川吉宗は諸大名に対して上げ米を課した。上げ米はこの年から9年間実施されたが、この上げ米が「9年間も」続けられた理由と「9年間しか」続けられなかった理由について、次の上げ米の**史料**を参考に考えて、9行程度で説明しなさい。

史料

> 御旗本ニ召置かれ候御家人、御代々段々相増候。御蔵入高(注1)も先規よりハ多く候得共、御切米御扶持方(注2)、其外表立候御用筋の渡方ニ引合候ては、畢竟年々不足の事ニ候。……それニ付、御代々御沙汰之無き事ニ候得共、万石以上の面々より八木(注3)差し上げ候様ニ仰せ付けらるべしと思召し、左候ハねば御家人の内数百人、御扶持召放さるべきより外は之無く候故、御恥辱を顧みられず仰せ出され候。高壱万石ニ付八木百石積り差し上げらるべく候。……之に依り、在江戸半年充御免成され候間、緩々休息いたし候様ニ仰せ出され候。
>
> (注1)幕領の貢租収入。(注2)旗本・御家人に支給する俸禄米。(注3)米。米の字を分解したもの。

参考 教科書 p.192～p.193

<ヒント>
▶参勤交代の在府期間が半減されたことに留意する。

近世 63 洋学の興隆と発展

問 洋学の興隆と発展について、次の用語を用いて14行程度でまとめなさい。その際、シーボルト事件や蛮社の獄など、幕府による弾圧を受けたあとの洋学のあり方にもふれなさい。

〔用語〕　徳川吉宗　　『解体新書』　　蛮書和解御用

参考 教科書 p.198〜p.199／p.215

5

10

近世
64 安藤昌益の思想

問 18世紀半ばに奥州八戸の医者安藤昌益が著した次の**史料**(『自然真営道』)には、どのようなことが書かれているかまとめ、またそこでは当時の社会のどのような点を批判しているかについて、あわせて8行程度で述べなさい。

史料

> ……各 耕シテ子ヲ育テ、子 壮 ニナリ、能ク耕シテ親ヲ養ヒ子ヲ育テ、一人之ヲ為レバ万万人之ヲ為テ、貪リ取ル者無レバ貪ラルル者モ無ク、転定(注1)モ人倫モ別ツコト無ク、転定生ズレバ、人倫耕シ、此ノ外一点 私 事無シ。是レ自然ノ世ノ有様ナリ。
>
> (注1)天地の意。

参考 教科書 p.200

近世

65 浮世絵の創始・発展

表現

問 浮世絵の創始・発展について、次の各時期にふれて14行程度でまとめなさい。

〔用語〕　　元禄期　　宝暦・天明期　　寛政期　　文化・文政期　　開国後

参考　教科書 p.191／p.202～p.203／p.217

5

10

近世
66 棄捐令

問 寛政の改革で、幕府は棄捐令を出した。次の棄捐令の**史料**を参考に、この法令の目的と、この法令が結果的に旗本・御家人らにとって有益な政策となったのか、そうではなかったのかについて考え、あわせて9行程度で説明しなさい。

史料

> 一　旧来の借金は勿論、六ケ年以前辰年(注1)まで二借請候金子は、古借・新借の差別無く、棄捐の積り相心得べき事。
>
> （注1）1784（天明4）年。

参考 教科書 p.204

＜ヒント＞

▶棄捐令の発令が旗本・御家人、札差のそれぞれにとって、どのような意味があったのかという観点から考える。

5

67 尊号一件

問 1789（寛政元）年から1793（寛政5）年にかけて、幕府と朝廷との間で尊号一件と呼ばれる事件が起こった。この事件で、光格天皇の実父に太上天皇の尊号を宣下したいという朝廷の要求を、老中松平定信が拒否した理由と、拒否された武家伝奏ら公家が再び尊号宣下を求めたことに対して、定信が武家伝奏は本来幕府側に立つべきとして処分した理由について、あわせて7行程度で考えて、説明しなさい。

参考 教科書 p.158／p.205

＜ヒント＞
▶太上天皇は、譲位後の天皇の称号である。光格天皇の実父閑院宮典仁親王の位を考える。

5

近世
68 ロシアとの外交関係

問 ロシアの接近にともない、ロシアとアイヌとの提携を恐れた幕府は、蝦夷地
の確保をはかるべく、様々な政策を行った。そうした政策について、次の用語
を用いて10行程度でまとめなさい。

〔用語〕　大日本恵登呂府　　八王子千人同心　　レザノフ　　松前奉行

参考 教科書 p.206〜p.207

5

10

近世 69 関東農村の治安悪化

問　1805(文化2)年、幕府は関東取締出役を新たに設けて、無宿人や博徒の逮
捕・取締りを行った。当時は、江戸を取り巻く関東農村の治安悪化が社会問題
化していたが、なぜこの時期にこうした状況がみられたのか。次のA～Dの事
実に留意しながら、11行程度で考えて説明しなさい。　参考 教科書 p.208

A：江戸幕府は1643(寛永20)年、田畑永代売買の禁止令を出した。この法令は、本
　百姓が没落して少数の有力な百姓に土地が集中するのを防ぎ、本百姓による小経
　営を安定させる目的で出された。

B：本百姓の負担の中心は年貢であり、年貢は米穀や貨幣で納められていた。享保
　の改革以後の年貢増徴策により、本百姓たちの生活は強く圧迫され、年貢を納入
　するために田畑の質入れをして借金する本百姓が多くいた。そして借金が返済で
　きず、質流れとなる土地が多くあった。

C：借金が返済できず田畑を失った百姓は、小作人になるか日用稼ぎに従事した。
　また天明の飢饉によって村々が荒廃し、全国で数多くの百姓一揆が発生する中で、
　農村内の階層分化がいっそう進んでいった。

D：寛政の改革で老中の松平定信は、旧里帰農令を発令して正業を持たない者に資
　金を与えて農村に帰ることを奨励した。江戸などの大都市では下層住民が増加し
　ており、都市に入り込んだ無宿人対策が都市の治安の上からも重視された。

近世 70 内憂と外患

問 1837(天保8)年に起きた事件に関連して、当時の内憂(国内問題)と外患(対
外問題)について、次の用語を用いて、17行程度で説明しなさい。

〔用語〕 大塩平八郎 天保の飢饉 モリソン号事件 蛮社の獄

参考 教科書 p.208〜p.209

5

10

15

近世 71 株仲間の解散

問 天保の改革で、老中の水野忠邦は株仲間の解散を命じた。理由は、当時の物価騰貴の原因が、十組問屋などの株仲間が上方市場からの商品流通を独占し、物価の不正な操作を行っているのが原因と考えられたためである。しかし実際の状況は、これと大きく異なっていた。どのような状況であったのかと、株仲間の解散の結果、物価はどう変動したのかについて、株仲間の役割にふれることで、8行程度でまとめなさい。

参考 教科書 p.209〜p.210

5

72 貿易の開始と攘夷運動

問 幕府が安政の五カ国条約を締結したことにより、横浜・長崎・箱館の3港で
貿易が開始されるが、貿易に対する反感が高まり、攘夷運動が起こる一因とな
った。その理由を、「輸出超過」と「日本と外国との金銀比価の相違」の2つ
の観点から、12行程度でまとめなさい。 **参考** 教科書 p.223～p.224

近代・現代

73 桜田門外の変

問 1860(万延元)年、大老井伊直弼が桜田門外で暗殺される事件が起きた。井伊直弼が通商条約の調印と将軍継嗣の決定に果たした役割にふれながら、暗殺された理由について、7行程度でまとめなさい。　**参考** 教科書 p.224〜p.225

5

74 大政奉還

問 次の(1)～(3)に答えて、1867(慶応3)年10月14日に徳川慶喜がなぜ大政奉還を行ったのかについて考えなさい。

(1) この時期の薩長を中心とした反幕府勢力の動きについて、3行程度でまとめなさい。

参考 教科書 p.227

- -

- -

- -

(2) 土佐藩が徳川慶喜にすすめた、大政奉還後の構想とはどのようなものであったのかを、2行程度でまとめなさい。

参考 教科書 p.227

- -

- -

(3) 前の(1)・(2)をふまえて、15代将軍徳川慶喜がなぜ大政奉還を行ったのかを3行程度でまとめなさい。

- -

- -

- -

近代・現代
75 版籍奉還と廃藩置県

問 明治政府による中央集権国家建設の観点から、版籍奉還と廃藩置県について9行程度でまとめなさい。

参考 教科書 p.236〜p.237

5

76 地租改正

問　地租改正の要点と、地租改正で定められた税率が民衆にとって、「重い」負担・「軽い」負担のどちらであったのかについて述べなさい。その際、その根拠となる民衆の動向と政府の対応についても言及し、あわせて10行程度でまとめなさい。

参考　教科書 p.239～p.240

問　明治政府は西洋諸国にならって暦法を改め、太陰太陽暦（旧暦）を廃して太陽暦（新暦）を採用した。これによって旧暦の明治5（1872）年12月3日は、新暦の明治6（1873）年1月1日となった。明治政府がこの年に新暦を採用した理由には、欧米と暦をあわせることのほか、財政面の理由もあった。この財政面からの理由を6行程度で考えて、説明しなさい。

＜ヒント＞

▶明治政府は廃藩置県によって諸藩の債務を引き継ぐなどしたため、財政状況は苦しく、支出の削減に迫られていた。

▶旧暦は30年に11回の割合で閏月が入り、1年が13カ月となった。明治6（1873）年は1年が13カ月の年であった。

▶国・地方の役人は月ごとに給与が支給される月給制となっていた。

5

78 文明開化

問　次の錦絵は、明治10年代の銀座の風景を描いている。この錦絵からわかる文明開化の風潮について、4行程度で説明しなさい。

参考　教科書 p.244

79 大阪会議

思考・表現

問 大久保利通は1875(明治8)年、板垣退助と木戸孝允を招いて大阪会議を開催した。大久保がこの会議を開催した意図を、次のA〜Dの事実に留意しながら考え、8行程度で説明しなさい。

参考 教科書 p.247

A：大久保利通・板垣退助・木戸孝允・西郷隆盛らは、もともと江戸幕府を倒すという共通の目的を持って、明治維新を成し遂げた同志であった。

B：1873(明治6)年、征韓論争に敗れた西郷隆盛らとともに板垣退助は参議を辞職した。板垣は郷里の土佐で立志社を興し、民権派の全国組織を目指して愛国社を設立して、反政府運動を展開した。

C：木戸孝允は、1874(明治7)年に政府が行った台湾出兵に反対して、参議を辞職した。

D：明治政府に対する批判が増す中で、政府の中心にいた大久保利通は危機感をつのらせ、国会開設方針を決定した。

5

近代・現代
80 松方財政

問 旧薩摩藩出身の松方正義が、1881(明治14)年に大蔵卿に就任して実施した松
方財政と呼ばれる政策によって、農村がどのような状況になったのかを 7 行程
度でまとめなさい。　**参考** 教科書 p.249~p.250

5

81 内地雑居問題

問 安政の五カ国条約と呼ばれる不平等条約の改正交渉の中で、相手国に内地雑居を認めるかわりに治外法権を撤廃するという井上馨や大隈重信の改正案が批判を受け、外国人による内地雑居の是非をめぐる議論が高まっていった。なぜ外国人の内地雑居が問題視されたのかを考えて、7行程度で説明しなさい。

＜ヒント＞
▶安政の五カ国条約では、開港場に居留地を設け、一般外国人の国内旅行を禁じることが定められていた。
▶内地雑居とは、外国人の内地居住・旅行、土地所有を認めて内地を開放することであり、商業・産業を営むことも認められた。

5

82 日清戦争

問　次の(1)・(2)に答えて、なぜ日本は清と戦争したのかを答えなさい。

(1)　日本にとって「主権線」の安全を守るには、「利益線」である朝鮮の存在が
とても重要であった。1880年代前半に朝鮮で起こった2回の事件の前後におけ
る日朝関係の変化について、次の用語を用いて、6行程度でまとめなさい。

〔用語〕　日朝修好条規　　閔氏一族

参考　教科書 p.257〜p.258

- -

- -

- -

- -

- 5

- -

(2) 前の(1)から、なぜ日清戦争が起こったのかについて8行程度で考えて、説明しなさい。その際、前近代からの清国と朝鮮の関係性についてもふれなさい。

参考 教科書 p.258〜p.259

＜ヒント＞
▶近代以前の東アジアには、冊封関係という国際秩序が存在した。
▶中朝の宗属関係は、日本が朝鮮を利益線に設定する際どのように作用するのか。

5

近代・現代
83 日清戦争後の日朝関係

問　日清戦争後の朝鮮の動きについて、それに対して現地の日本公使がどのよう
な行動をとったのかもふまえ、次の用語を用いて、9行程度でまとめなさい。

〔用語〕　閔妃　　三国干渉　　大院君　　三浦梧楼　　大韓帝国

参考　教科書 p.260

5

84 ▶ 日露戦争

問 なぜ日露戦争が起こったのかを、次の用語を用いて、12行程度で説明しなさい。その際、朝鮮で新しく誕生した政権の性格、さらには北清事変後のロシアはどのように動き、これに対して日本政府内ではどのような議論が展開され、結論に至ったのかについてもふれなさい。

〔用語〕 満洲 満韓交換 イギリス

参考 教科書 p.260〜p.262

85 韓国併合

問 第1次日韓協約から韓国併合までの過程について、次の用語を用いて、12行程度でまとめなさい。

〔用語〕　桂・タフト協定　　外交権　　ハーグ密使事件　　内政権

参考 教科書 p.263〜p.264

5

10

86 ▶ 山東半島問題

問 第一次世界大戦時からワシントン会議までにおける日本と山東半島の関係についての流れを、次の用語を用いて、12行程度でまとめなさい。

〔用語〕　日英同盟協約　　二十一カ条の要求　　五・四運動

参考 教科書 p.268〜p.270／p.272〜p.275

87 産業革命

問 明治時代、製糸業に従事した工女たちによってうたわれた「工女節」に、「男軍人 女は工女 糸をひくのも国のため」という一節がある。どうして糸をひくことが国のためだと考えられたのか。紡績業と製糸業の輸出産業としての違いにもふれ、10行程度で説明しなさい。 <u>参考</u> 教科書 p.281〜p.282／p.285

<ヒント>
▶紡績業では綿糸の原料となる綿花を海外から輸入していたが、製糸業の生糸の原料となる繭は国産であった。

5

10

近代・現代

88 足尾鉱毒事件

思考・表現

問　1891(明治24)年に発生した足尾鉱毒事件は、日本政府が企業側に操業停止を
　命じなかったことが原因で被害が拡大した。なぜ政府は操業停止処分にしなか
　ったのか。次の「日本からの輸出品目」のグラフを参考に考え、2行程度で説
　明しなさい。

1899(明治32)年の日本からの輸出品目

89 ▶ 学制と教育令

問 1872(明治5)年、明治政府はフランスの学校制度にならった学制を公布した。しかし学制公布のわずか7年後には、アメリカの教育制度にならった教育令に改められた。なぜ短期間のうちに教育法規は改正されたのか、5行程度でまとめなさい。その際、学制と教育令のそれぞれの特徴についてもふれなさい。

参考 教科書 p.242／p.289

....

....

....

....

.... 5

90 ▶ 大衆文化

問 第一次世界大戦後の日本国内では、俸給生活者などの一般勤労者らを担い手とする大衆文化が誕生した。この文化では、新聞・雑誌・ラジオ・映画などのマス＝メディアの急速な発展がみられるが、その背景には人々の教育水準の向上がある。人々の教育水準が向上した理由を、国の政策面から7行程度でまとめなさい。

参考 教科書 p.289〜p.290／p.297

5

近代・現代
91 農業恐慌

問 世界恐慌および昭和恐慌にともない、農村でも農業恐慌が発生した。農業恐慌発生の原因を、日本国内外の事情から、10行程度でまとめなさい。

参考 教科書 p.303〜p.304

5

10

92 満洲事変

問 関東軍の石原莞爾を中心として計画された柳条湖事件を契機に、満洲事変が始まった。第2次若槻礼次郎内閣が不拡大方針を声明したにもかかわらず、世論は戦線を拡大する軍の行動を支持した。なぜ世論は軍の行動を支持したのか。当時の日本国民が置かれた経済状況をふまえ、次の用語を用いて、5行程度で説明しなさい。

〔用語〕　昭和恐慌　　雇用創出

参考 教科書 p.305～p.306

＜ヒント＞
▶当時、日本は不況に陥っており、農産物価格が暴落し、失業者も大量に出ていた。
▶関東軍による満洲占領という軍事行動が、日本経済にどのような影響をおよぼすかを考える。

5

軍部大臣現役武官制

問 軍部大臣現役武官制について、この制度の内容と明治・大正・昭和のそれぞ
れの時代における制度上の変遷にふれながら、13行程度でまとめなさい。

参考 教科書 p.260〜p.261／p.268／p.310

5

10

近代・現代

94 近衛声明

問 1938(昭和13)年に3度にわたって出された近衛声明は、日中戦争にどのような影響を与えたのかを、次の用語を用いて14行程度でまとめなさい。その際、近衛声明とはどのような声明であるのかについても説明しなさい。

〔用語〕　東亜新秩序　　汪兆銘　　援蔣ルート

参考 教科書 p.312〜p.313

5

10

95 独ソ不可侵条約

問 1939(昭和14)年8月、ドイツはソ連と不可侵条約を締結した。当時の平沼騏一郎内閣は、ドイツとソ連の提携に対して「欧州情勢は複雑怪奇」との声明を出して総辞職した。ドイツがソ連と提携した理由と、平沼内閣が総辞職した理由について考え、10行程度で説明しなさい。　**参考** 教科書 p.311／p.316

＜ヒント＞

▶ドイツはのちに第二次世界大戦を勃発させるが、ソ連と不可侵条約を結ぶことはドイツが戦争を行う上で、どのような意味をもたらすのかを考える。

▶日本はドイツと提携関係にあったが、どのような点において関係を深めていたのかを考える。

近代・現代
96 サイパン島の陥落

問 1944(昭和19)年7月にマリアナ諸島のサイパン島が陥落し、太平洋戦争後半
に日本軍が設定した防衛線である「絶対国防圏」の一角が崩壊した。このサイ
パン島の陥落は、その後の戦局に重大な影響をおよぼすことになった。この影
響について、次の**情報**も参考にして、5行程度で説明しなさい。

情報
＊アメリカの爆撃機であるB29の航続距離は、爆弾搭載時で約5300km。
＊サイパン島から日本本土までの距離が、約2400km。

参考 教科書 p.321〜p.322

＜ヒント＞
▶サイパン島の陥落後、学童疎開が開始された。

5

97 原子爆弾の投下

問 アメリカは、人類史上初めて2発の原子爆弾を、1945(昭和20)年8月6日広島、8月9日長崎にそれぞれ投下した。アメリカはなぜ原子爆弾を投下したのか。戦後の国際社会がどのような対立を軸に展開されていったのかという観点から考えて、8行程度で説明しなさい。 **参考** 教科書 p.324～p.325／p.333

<ヒント>

▶ソ連は広島に原子爆弾が投下されたのち、日ソ中立条約を無視して対日参戦した。

▶戦後の国際社会は、資本主義陣営と共産主義陣営に分かれ、冷戦と呼ばれる対立が起こった。

5

近代・現代
98 ▶ 戦後の民主化政策

問 戦後の日本占領初期の政策として財閥解体、農地改革、労働組合の結成支援が行われた。なぜ GHQ はこれらの政策を実施したのかを考えて、9 行程度で説明しなさい。

参考 教科書 p.328〜p.329

＜ヒント＞
▶財閥は労働者の賃金を低いままにしてきた。
▶寄生地主制は、小作人を高額の小作料で苦しめていた。
▶労働組合は、労働者の労働条件改善を資本家に要求する団体である。

5

99 生活の混乱

表現

問 終戦直後の人々の生活は、大変に苦しいものであった。当時の人々の状況について、次の写真の内容にふれながら、6行程度でまとめなさい。

戦後間もない上野の市

農村に向かう列車に乗る人々

参考 教科書 p.331〜p.332

5

日本経済の推移

問　あとの(1)〜(3)に答えることで、終戦を迎えた1945(昭和20)年から1949(昭和24)年までの日本経済の推移について、まとめなさい。

(1)　終戦直後の日本経済の状況について、4行程度でまとめなさい。

参考　教科書 p.331〜p.332

(2)　金融緊急措置令と傾斜生産方式について、これらの政策の内容を貨幣流通量の観点から9行程度でまとめなさい。

参考　教科書 p.332／p.334

5

(3) 1948(昭和23)年末〜1949(昭和24)年にかけての経済政策について、5行程度でまとめなさい。

参考 教科書 p.334〜p.335

・・ 5

101 特需景気

問 1950(昭和25)年に勃発した朝鮮戦争は、不況下にあった日本経済を回復させた。次の表に示した特需契約高をみると、第3年をピークとして物資への需要が大幅に落ち込んでいるのがわかる。この理由について考えなさい。また、サービスが物資を上回るようになるが、この理由についても考えて、あわせて6行程度で説明しなさい。

	物資 (兵器等)	サービス (建物の建設等)	合計
第1年	229.995	98.927	328.922
第2年	235.851	79.767	315.618
第3年	305.543	186.785	492.328
第4年	124.700	170.910	295.610
第5年	78.516	107.740	186.256
累　計	974.607	644.129	1.618.736

1950年6月から5年間の特需契約高(単位：千ドル)

参考 教科書 p.335／p.344〜p.345

＜ヒント＞
▶朝鮮戦争は1953(昭和28)年7月、板門店で休戦協定が調印された。

102 安保条約の改定

問 岸信介内閣は、1960(昭和35)年1月に日米相互協力及び安全保障条約(新安保条約)を結んだ。岸信介の考えでは、1951(昭和26)年に調印された日米安全保障条約を改定して日米関係を対等にすることを目指したものであったにもかかわらず、この改定は革新勢力や学生、一般市民の人々によって激しく非難された。その理由を次の**史料**(新安保条約 第5条)を読んで、8行程度で説明しなさい。

史料

> 第5条 各締約国は、日本国の施政の下にある領域における、いずれか一方に対する武力攻撃が、自国の平和及び安全を危うくするものであることを認め、自国の憲法上の規定及び手続に従って共通の危険に対処するように行動することを宣言する。

参考 教科書 p.342

5

103 国民所得倍増計画

問 池田勇人内閣は「所得倍増」をスローガンに、高度経済成長をさらに促進する経済政策を展開した。所得倍増計画の目的は経済成長の促進であったが、一方で、政治の中心課題を外交問題から経済問題に移す意図もあった。なぜこうした転換がはかられたのかを考え、池田内閣の前内閣における外交問題を明示しながら、8行程度で説明しなさい。 参考 教科書 p.342〜p.343

<ヒント>

▶「日米新時代」をスローガンとして推進された池田内閣の前の内閣の政策に対して、日本国民がどのような反応をみせたのかに留意する。

5

104 減反政策

問 1970(昭和45)年から、日本国内では減反政策が開始された。減反とは稲の作付け面積を制限する政策のことである。なぜ減反政策が実施されることになったのかを、次のA～Cの事実に留意しながら考えて、7行程度で説明しなさい。

A：1942(昭和17)年に食糧管理法が制定された。この法律は、戦時下の食糧不足の中、少ない食糧を国民に公平に配給する目的で制定された。これによって政府は生産者から米を強制的に買い上げた。

B：高度経済成長期における国民の食生活は洋風化が進み、肉類や乳製品、パンの消費が増大した。またインスタント食品や冷凍食品が普及し、外食の機会も増えた。

C：食糧管理法のもとでは「消費者価格＜生産者価格」であったため、米を買い上げる政府にぼう大な赤字が生じた。そこで政府は食糧管理特別会計で、この赤字を補塡していた。

参考 教科書 p.349～p.350

5

105 革新自治体

問 1970年代初めに革新自治体が誕生した背景について、7行程度でまとめなさい。

参考 教科書 p.351～p.352

5

106 ニクソン＝ショック

表現

問 1970年代初め、アメリカ大統領ニクソンによって行われた経済と外交の2つ
の面での新政策は、ニクソン＝ショックと呼ばれた。このうちニクソンによる
外交政策が日本に与えた影響について、次の用語を用いて8行程度でまとめな
さい。

〔用語〕　ベトナム戦争　　田中角栄　　国民政府

参考 教科書 p.353〜p.355

107 貿易摩擦

問 1980年代、日本からアメリカへの自動車の輸出が増え、アメリカの自動車産業は大打撃を受けることになった。次の写真では、UAW（全米自動車労働組合）に加入するアメリカ人労働者が、「売りたければ、アメリカでつくれ」と書かれたボードを前に置いて日本車を破壊している。彼らは日本に対して何を訴えているのかを考えて、8行程度で説明しなさい。

＜ヒント＞
▶対米輸出された日本車は、日本の工場で生産されていた。
▶アメリカ国民の間で安価な日本車への需要が高まったことで、アメリカ車の売り上げが減少し、自動車産業に従事する労働者の生活が脅かされた。

5

近代・現代

108 バブル経済

表現

問 「バブル経済」が発生した理由について、次の用語を用いて、8行程度でまとめなさい。

〔用語〕　プラザ合意　　円高不況　　超低金利政策

参考 教科書 p.358〜p.359

5

写真所蔵・提供

p.62	毛利博物館
p.80	国立国会図書館
p.92（Ⅰ）	東京国立博物館、ColBase（https://colbase.nich.go.jp/）
p.92（Ⅱ）	日本銀行金融研究所貨幣博物館
p.110	東京都立中央図書館
p.132	朝日新聞社
p.141	アフロ

書いて深める日本史　論述問題集　第2版

2024年7月　第2版発行

編　者　本保泰良
発行者　野澤武史
印刷所　信毎書籍印刷株式会社
製本所　有限会社　穴口製本所

発行所　株式会社　山川出版社
　　　　〒101-0047　東京都千代田区内神田1-13-13
　　　　電話　03-3293-8131（営業）　03-3293-8135（編集）
　　　　https://www.yamakawa.co.jp/
装　幀　水戸部功

ISBN978-4-634-01228-8　　　　　　　　　　　NYZS0201

書いて深める日本史
論述問題集 第2版

解答例

Basic　　原始・古代	**Basic**　　　中世

①更新世と完新世の動物

更新世ではナウマンゾウ・オオツノジカ・ヘラジカなどの大型動物が生息していたが、完新世ではニホンジカ・イノシシなどの中・小の動物が多くなった。

②弥生時代の集落

縄文時代にはみられなかった居住域を溝で囲む環濠集落や、平地との標高の差が40m以上もある高地性集落が現れた。

③倭の五王

朝鮮半島南部をめぐる倭国の外交・軍事上の立場を有利にするため。

④遣隋使

中国皇帝に臣属しない形式をとっていたため。

⑤光明皇后

皇后は律令では皇族であることが条件とされていたため。

⑥平城京からの遷都

仏教政治の弊害を改め、天皇権力を強化するため。

⑦平城太上天皇

平城京に再遷都しようとしていた。

⑧文章経国

漢詩文をつくること。

⑨摂政と関白

摂政は天皇が幼少の期間にその政務を代行し、関白は天皇の成人後に、その後見役として政治を補佐する地位である。

⑩浄土教

阿弥陀仏を信仰し、来世において極楽浄土に往生し、そこで悟りを得て苦がなくなることを願う教え。

⑪院政の開始

自分の子孫に皇位を継承させるため。

⑫鎌倉幕府と朝廷

幕府が優位に立って、皇位の継承や朝廷の政治に干渉するようになった。

⑬御成敗式目

鎌倉幕府の勢力範囲のみを適用の対象とした。

⑭禅宗

臨済宗は公案問答により悟りに達することを主眼としたが、曹洞宗は只管打坐によって悟りの境地を体得しようとした。

⑮建武の新政

全ての土地所有権の確認には、天皇の綸旨が必要であるとした。

⑯日明貿易

将軍足利義持が朝貢形式を不服としたため。

⑰徳政一揆

正長の徳政一揆では、実力による私徳政が展開されたが、嘉吉の徳政一揆では、幕府が土一揆の要求を入れて徳政令を発布した。

⑱東山文化

禅の精神にもとづく簡素さと、伝統文化の幽玄・侘を精神的な基調とする。

⑲日蓮宗の日親

日親の布教は戦闘的であり、他宗と激しい論戦を行ったため。

⑳貫高制

国人や地侍らの収入額を銭に換算した貫高で把握し、貫高にみあった一定の軍役を彼らに負担させる制度。

㉑南蛮寺

日本の仏教寺院風である。

㉒刀狩令

一揆を防止し、百姓を農業に専念させるため。

㉓江戸時代の朝廷

天皇・朝廷が自ら権力をふるったり、ほかの大名に利用されたりすることのないようにするため。

㉔江戸時代の琉球

琉球は、独立した王国として、中国との朝貢貿易を継続した。

㉕荻原重秀の貨幣改鋳

金の含有率を減らし、質の劣った元禄小判を発行した。

㉖朝鮮との関係

これまでの使節待遇が丁重すぎたとして簡素化し、さらに朝鮮から日本宛の国書にそれまで将軍のことを「日本国大君殿下」と記されていたのを「日本国王」に改めさせた。

㉗蘭学発達の契機

漢訳洋書の輸入制限を緩め、青木昆陽・野呂元丈らにオランダ語を学ばせた。

㉘棄捐令

旗本・御家人たちの生活を安定させるため、札差に貸金を放棄させた政策。

㉙関東取締出役

関東の農村では、無宿人や博徒らによる治安の乱れが生じていた。

㉚株仲間の解散

物価が騰貴したのは、十組問屋などの株仲間が上方市場からの商品流通を独占していることが原因であると判断したため。

㉛万延の貨幣改鋳

日本と外国の金銀比価の違いから、多量の金貨が海外に流出したため、これを防ぐべく、金貨の重量を大幅に減らす改鋳を行った。

㉜神仏分離令

各地に廃仏毀釈の動きが広まった。

㉝自由民権運動

厳しい緊縮・デフレ政策や重税のため経営難・生活難となり運動から手を引く者が多くなる一方、政治的に急進化する者も現れた。

㉞超然主義

政府の政策は、政党の意向によって左右されてはならないという考え方。

㉟日比谷焼打ち事件

賠償金がまったく取れなかったこと。

㊱ヴェルサイユ条約

中国山東省の旧ドイツ権益の継承を認められ、赤道以北の旧ドイツ領南洋諸島の委任統治権を得た。

㊲治安維持法の改正

最高刑を10年以下の懲役・禁錮から死刑・無期とした。

㊳ GHQ と天皇

天皇制廃止がもたらす混乱を避け、天皇制を占領支配に利用しようとしたため。

㊴ GHQ の労働政策

低賃金構造に基づく国内市場の狭さを解消して、対外侵略の動機を除去するため。

㊵日中共同声明と台湾

外交関係は断絶したが、貿易など民間レベルでは関係が継続している。

1 旧石器時代の生活

更新世は**打製石器**を用いた旧石器時代にあたる。人々は狩猟と採集の生活を送り、狩猟にはナイフ形石器や尖頭器などの打製石器を木の棒の先端に装着した石槍を用いて、ナウマンゾウ・オオツノジカなどの大型動物を捕獲した。人々は獲物や植物性の食料を求めて、小河川の流域など一定の範囲内を移動していたため、住居は簡単なテント式の小屋で、一時的には洞穴も利用していた。生活をともにする集団は、10人前後の小規模なものであったと考えられている。

＜ポイント＞
①狩猟・採集の生活を送っていた。
②ナイフ形石器や尖頭器などの打製石器を使用していた。
③食料を求めて移動していた。
④移動に適したテント式の小屋を利用していた。
⑤10人前後の小規模な集団で生活していた。

2 気候の温暖化

今から約1万年余り前に完新世になると、気候が温暖になり、更新世の時代に地表を覆っていた氷が溶けて海面が上昇したことで、それまで陸地であった所に海水が入り込み、日本列島は現在に近い自然環境になった。植物は亜寒帯性の針葉樹林にかわり、東日本にはブナやナラなどの落葉広葉樹林が、西日本にはシイなどの照葉樹林が広がった。動物もそれまでの大型動物は絶滅し、動きの速いニホンジカやイノシシなどの中・小の動物が多くなった。

＜ポイント＞
①完新世では海水面が上昇して、海が陸地に進入する海進が起こった。
②東日本には落葉広葉樹林が、西日本には照葉樹林が広がった。
③動きの速い中・小の動物が多くなった。

3 縄文時代の生活

縄文時代には、動きの速い中・小型動物を射とめるための**弓矢**が発明された。また、**土器**が出現したことで食物を煮たり、木の実のあくを抜いたりすることができるようになった。さらには、**打製石器**に加えて磨製**石器**が出現した。

＜ポイント＞
①狩猟具として弓矢が発明された。
②土器の出現によって、食物を煮たり、あくを抜いたりすることができるようになった。
③新石器である磨製石器が出現した。

＜解説＞
＊縄文時代には旧石器である打製石器も併用された。

4 縄文時代の人口

縄文時代中期は、東日本に人口が集中していた。この時代には、東日本に落葉広葉樹林が広がり、その木の実は種類・量ともに豊富であった。木の実を求めてニホンジカやイノシシなどの中・小の動物も集まった。そして木の実の採集や動物の狩猟を行う縄文人らも東日本に集中した。一方で西日本は照葉樹林が生い茂る薄暗い大森林であったために、縄文人の生活の場として東日本ほど適していなかったと考えられる。

<ポイント>
①落葉広葉樹林の豊富な木の実は、縄文人にとって重要な食料となった。
②木の実を求めて移動する動物も、縄文人の狩猟の対象であった。
③落葉広葉樹林のほうが照葉樹林よりも食料を獲得しやすかった。

<解説>
＊稲作が北九州に伝来すると、西日本の人口が増加していく。

5　縄文・弥生時代の格差

縄文時代の墓の大きさはほぼ同等であり、弥生時代にみられるような大型の墳丘墓や多量の副葬品の存在は確認できないため。

<ポイント>
①墓の規模の格差は、縄文時代には確認されていない。
②墓の規模の格差や副葬品の有無は、集団の中で身分差が発生したことを示す。

6　戦いの始まり

弥生時代には、環濠集落や高地性集落などが出現するようになった。環濠集落は居住域を溝で囲む防御施設を持つ集落であり、高地性集落は逃げ城的な集落であると考えられる。また、縄文時代にはみられなかった石製や金属製の武器が出土しており、農耕社会が成立したことで生み出された余剰生産物をめぐって戦いが始まった証拠と考えることができる。さらに、中国の歴史書である『後漢書』東夷伝に「倭国大いに乱れ、更相攻伐して歴年主なし」との記述があることも、当時戦いがあったことを物語っている。

<ポイント>
①環濠集落と高地性集落は、争いに備えた集落である。
②縄文時代にはみられなかった石製や金属製の武器が出土している。
③『後漢書』東夷伝に、倭国内で大規模な戦乱があったという記述がある。

7　中国への朝貢

中国皇帝と君臣関係を結んで「漢委奴国王」の称号を与えられた奴国王や、「親魏倭王」の称号を与えられた卑弥呼は、中国の先進的な文物を手に入れることで、倭国内における立場を高めようとしたと考えられている。中国への朝貢品に対する返礼品は、自らの国を支配する上で重要な経済力ともなった。さらに中国との関係を良好なものとしておくことは、中国からの軍事的圧力を回避するという効果があったと考えられる。

<ポイント>
①「漢委奴国王」や「親魏倭王」の称号や金印などは、周辺の小国に対して自国の立場を高める効果を持った。
②中国皇帝から与えられた文物は、奴国王や卑弥呼にとって国を運営する重要な経済力となった。
③中国皇帝と君臣関係を結ぶことは、中国からの侵略を防止する効果を持ったと考えられる。

8　倭王武の上表文

倭国は、中国皇帝に朝貢することで皇帝の権威を借りようとした。倭王自らが「東は毛人を征すること55国、西は衆夷を服すること66国、渡りて海北を平ぐること95国」と『宋書』倭国伝に書かれてあるように、中国皇帝

の支配領域の拡大に貢献することで、中国皇帝に信頼されることに努めたと考えられる。つまり臣下である倭王が皇帝の権威の拡大に努めていることを主張し、朝鮮半島の諸国よりも高い称号を得ようとしたのである。

<ポイント>
①倭王は朝貢して皇帝の権威を借り、自国内および朝鮮半島における立場を高めた。
②倭王は倭国の支配領域を拡大させることで、皇帝の支配領域の拡大に貢献したと主張した。

<解説>
＊中国皇帝は自らが支配する王朝を世界の中心（＝中華）に位置づけ、周辺の国々・人々を、北を北狄・東を東夷・西を西戎・南を南蛮と呼んで、野蛮国・野蛮人として扱った。
＊中国皇帝は周辺国に自らの徳を広め、徳が浸透する地域を拡大させていくという考えを持っていた。

9 ヤマト政権の支配領域

「ワカタケル大王」の文字が、埼玉県の稲荷山古墳出土の鉄剣と熊本県の江田船山古墳出土の鉄刀で発見されたことから、ヤマト政権の支配は少なくとも関東地方から九州中部にまでおよんでいたと考えられる。

<ポイント>
①ワカタケル大王の文字が刻まれた鉄剣・鉄刀が発見されている。
②遺物の出土地は関東地方と九州中部である。

10 ヤマト政権の支配体制

ヤマト政権は大王と近畿地方を中心とした有力豪族による連合政権という性格を持っていたため、大王と有力豪族はそれぞれに独立した経済的基盤を持っていた。大王は**屯倉**と呼ばれた直轄領と**名代・子代の部**と呼ばれた直轄民を持っており、一方で豪族は**田荘**と呼ばれる私有地と**部曲**と呼ばれる私有民を領有していた。

<ポイント>
①大王と有力豪族は、それぞれ独自の経済基盤を持っていた。
②大王の直轄領は屯倉、直轄民は名代・子代の部である。
③有力豪族の私有地は田荘、私有民は部曲である。

11 遣隋使の派遣

6世紀半ば、加耶諸国が百済と新羅によって併合されたことで、倭国は朝鮮半島における影響力を大きく後退させることになった。そこで倭国は朝鮮半島での立場を優位にするため、遣隋使を派遣した。その際冊封体制下にある朝鮮諸国よりも上位の立場であることを主張するため、あえて天子の用語を使用し、中国に臣従しない形式をとったと考えられる。

<ポイント>
①6世紀半ば、倭国の朝鮮半島における影響力が後退した。
②朝鮮諸国よりも優位な立場を得るために遣隋使を派遣した。
③天子の用語を使用することで、中国と対等な関係を構築しようとした。

12 乙巳の変

蘇我入鹿は、有力な皇位継承候補者であった山背大兄王を殺害することで権力の集中をはかった。これに対して中大兄皇子は、天皇中心の官僚制による中央集権を目指すべく、蘇我蝦夷・入鹿を滅ぼした。

<ポイント>
①蘇我入鹿らが山背大兄王を殺害して、権力集中をはかっていた。
②中大兄皇子は、王族中心の中央集権を目指した。

<解説>
＊ヤマト政権は大王を中心とした連合政権であったが、有力豪族によって大王が決定されるなど、豪族が強大な権力を保持していた。
＊唐が高句麗への攻撃を開始したことを受けて、国内統一の必要性を強く感じた蘇我氏は、蘇我氏系の大王候補であった古人大兄王を擁立することで、国内統一をはかろうとしていた。

13　大化改新と壬申の乱

国家像：中央集権国家

大化改新では、豪族の田荘・部曲を廃止して公地公民制への移行が目指されるなど、中央集権国家の建設が進められたが、有力中央豪族の存在がそれを困難にさせていた。そうした中で起こった壬申の乱の結果、近江朝廷側についた有力中央豪族が没落したため、強大な権力を手にした天武天皇によって天皇の権力が高まり、天皇を中心とする中央集権国家体制の形成が進んだ。

<ポイント>
①大化改新では公地公民制が目指された。
②有力中央豪族の存在は、中央集権国家を建設する上で大きな妨げとなっていた。
③壬申の乱で有力中央豪族は近江朝廷側についた。
④壬申の乱に勝利したことで天武天皇の権威が高まった。

<解説>
＊天智天皇は、664年に氏上を定め、豪族領有民

を確認するなど、大王は豪族の経済的特権を認めざるを得なかった。
＊「天皇」の称号が使用されるのは、天武天皇のころと考えられているが、推古天皇のころとする説もある。
＊天武天皇は、675年に豪族領有民をやめ、官人の位階や昇進の制度を定めて官僚制の形成を進め、藤原京の造営を開始した。
＊持統天皇の時代に、豪族は藤原京に集住させられ、天皇の監視下のもと、官人として天皇に奉仕する存在へと転化した。

14　律令国家の拡大

中国の中華思想を取り入れた中央政府は、自らを中心に位置づけ、東北地方や南九州の人々を支配下に組み込むことで、支配領域の拡大に努めた。また、東北地方や南九州の産物という新たな富を獲得できる重要な契機にもなった。

<ポイント>
①当時の中央政府は中華思想を取り入れていた。
②東北地方や南九州は、当初中央政府の支配下に入っていなかった。
③東北地方や南九州から貢納される産物は、中央政府にとって新たな富となった。

<解説>
＊日本は中国から律令を導入する際に、中華思想も同時に輸入しており、蝦夷・隼人のみならず、朝鮮半島をも支配下に組み込むことで、中国同様にほかの国や民族を従える国家であることを目指した。

15　長屋王の変

(1)聖武天皇と藤原光明子との間に誕生した男子が亡くなり、聖武天皇と県犬養広刀自との

間に誕生した男子が有力な後継者とみなされた。この男子が即位して天皇となった場合、この天皇と藤原氏の間には血縁関係がなく、天皇の外戚としての立場を失ってしまうため。

＜ポイント＞

①聖武天皇と藤原光明子との間には、男子が誕生したが早世した。

②聖武天皇と県犬養広刀自の間には、男子である安積親王が存在した。

③安積親王が即位した場合、藤原氏は外戚の立場を失うことになる。

(2)皇后は律令では皇族であることが条件とされていたので、貴族である藤原氏は皇后になるための条件を満たしていなかった。また、政権を握っていた皇族の長屋王も、反対の立場をとることが考えられた。

＜ポイント＞

①皇后は律令では皇族であることが条件とされた。

②長屋王が、藤原光明子の立后に反対する可能性があった。

(3)藤原4兄弟は、天皇家との密接な関係を保つため、妹の光明子を皇后に立てようとしていた。そこで、この思惑に反対すると考えられた政権の有力者である長屋王を策謀によって自殺に追い込んだ。

＜解説＞

＊藤原4兄弟は、外戚の立場を失っても光明子を皇后とすることで、権力を掌握しようとした。

16 長岡京遷都①

それまで平城京で行われてきた仏教政治の弊害を改めるために遷都した。さらに平城京は

天武天皇系の皇統による都であるのに対して、桓武天皇は天智天皇系の皇統であったことも理由の1つと考えられ、遷都によって天皇権力の強化をはかった。

＜ポイント＞

①道鏡時代の仏教政治で、律令政治が混乱した。

②奈良時代の天皇はそのほとんどが、天武天皇の子孫であった。

③桓武天皇は、新しい都をつくることで天皇権力の強化をはかった。

＜解説＞

＊奈良時代に在位した天皇のうち、元正天皇・聖武天皇・孝謙天皇・淳仁天皇・称徳天皇は、いずれも天武天皇の子孫である。

17 長岡京遷都②

長岡京造営の責任者であった藤原種継を暗殺したとして早良親王が逮捕され、死去した。その後、桓武天皇の母や皇后が死去するなどの不幸があり、これが早良親王の怨霊によるとされたため。

＜ポイント＞

①長岡京の造営責任者は、藤原氏式家出身の藤原種継である。

②種継暗殺の容疑で、早良親王は捕らえられ、死去した。

③桓武天皇の母や皇后の死が、早良親王の怨霊によるものであるとされた。

＜解説＞

＊怨霊をまつることで疫病などの災厄から逃れようとする信仰を御霊信仰という。早良親王の霊をなぐさめるため御霊会が催された。

18 律令国家の東北支配

城柵は、蝦夷の居住地へ律令支配を拡大する

ための役所として設置された。また、そこで
の開拓や農業にあたらせる目的で、関東地方
などから柵戸を強制的に移住させた。

＜ポイント＞

①城柵は律令国家の行政支配地域を拡大するた
　めに設置された。

②柵戸は関東地方からの移民で、開拓や農業に
　あたった。

＜解説＞

＊柵戸は租・調・庸や兵役などを負担して城柵
　を支える基盤となった。

＊軍団で軍事訓練を受けた柵戸は、蝦夷に対す
　る防衛の役割も果たした。

19　徳政相論

東北地方での戦いと平安京の造営という二大
事業は、国家財政や民衆にとって大きな負担
となっていたが、これらの政策を継続すべき
かどうかが論点であった。藤原緒嗣は民衆の
負担を軽減するために二大事業を打ち切るこ
とを提案し、採用された。

＜ポイント＞

①桓武天皇の二大事業の継続か否かが論点であ
　った。

②二大事業とは、軍事（蝦夷征討）と造作（平安京
　造営）である。

③民衆の負担を軽減すべく、二大事業の打ち切
　りが決定された。

＜解説＞

＊藤原緒嗣が軍事・造作の停止を主張したのに
　対して、菅野真道は異議をとなえて継続を主
　張した。

20　平城太上天皇の変

平城太上天皇側が敗れ、側近であった藤原薬

子・仲成の兄妹が死去して藤原氏式家が没落
し、かわって勝利した嵯峨天皇のもとで蔵人
頭に任命された藤原冬嗣の活躍によって藤原
氏北家が台頭する契機となった。平城太上天
皇が行おうとした平城京への再遷都を嵯峨天
皇がはばんだことで、その後も長期にわたり
平安京が都として存続することになった。

＜ポイント＞

①平城太上天皇側が敗れた。

②藤原薬子・仲成が死去したことで、藤原氏式
　家が没落した。

③藤原冬嗣が蔵人頭に任命されたことが、藤原
　氏北家が台頭する契機となった。

④嵯峨天皇が平城京への再遷都を阻止したこと
　で、平安京が都として存続した。

＜解説＞

＊藤原氏式家は、長岡京造営を主導した藤原種
　継が暗殺されたのち、種継の子仲成・薬子兄
　妹が引き続き桓武天皇の子平城天皇に重用
　されていた。

＊平安京は、平清盛が一時期福原京に遷都した
　のを除いて、1869（明治2）年の東京遷都まで
　続いた。

21　藤原氏北家の台頭

藤原氏北家台頭の契機をつくった藤原冬嗣は、
高い実務能力が必要とされる蔵人頭に任命さ
れることで、天皇の信頼を得た。そして藤原
氏が一族として人材を育てる必要性から勧学
院を設立し、子弟を学ばせた。また、娘を天
皇家に嫁がせることで天皇家の外戚として権
力を持ち、子の良房は孫の清和天皇の政務を
代行する摂政に就任した。さらに、藤原氏の
政治的立場を危うくする他氏を排除すること
で、権力の強化をはかった。

<ポイント>

①A：蔵人頭には高い実務能力が必要とされた。

②B：勧学院は藤原氏が一族として人材を育てる必要性から設置された。

③C：藤原氏は天皇家と外戚関係を持つことで権力を握った。

④D：藤原氏は他氏排斥を行うことで権力の強化をはかった。

22 平安時代の文学

弘仁・貞観文化では、文章経国の思想に基づいて漢文学が発展した。貴族は教養として**漢詩文**をつくることが重視され、勅撰漢詩集である『**凌雲集**』などが編集された。これに対して国風文化では**かな文字**が発達し、『枕草子』や『源氏物語』に代表されるような優れたかな文学が誕生した。また和歌が盛んになり、勅撰和歌集である『**古今和歌集**』が編集された。

<ポイント>

①弘仁・貞観文化では、宮廷で漢詩文が盛んにつくられた。

②弘仁・貞観文化では、勅撰漢詩集が編集された。

③国風文化では、かな文字が発達してかな文学が誕生した。

④国風文化では、最初の勅撰和歌集が編集された。

<解説>

＊公式の文書では漢字が使用されたが、日常生活では、かな文字が広く使用されるようになった。

23 平安時代の宗教

弘仁・貞観文化においては、最澄・空海によって伝えられた天台宗・真言宗が広まり、**密教**が盛んになった。密教は加持祈禱によって災いを避け、幸福を追求するという**現世利益**の面から皇族や貴族たちの支持を集めた。これに対して国風文化では、天台・真言の２宗が大きな勢力をもつ一方で、現世の不安から逃れようとする**浄土教**が流行した。**末法思想**の影響もあり、来世で救われたいと願う人々からの信仰を集めた。

<ポイント>

①弘仁・貞観文化では、最澄が天台宗を、空海が真言宗をそれぞれ開いた。

②密教は、加持祈禱によって、現世での幸せを願う人々の支持を集めた。

③浄土教は、来世で救われたいと願う人々の支持を集めた。

④国風文化では、末法思想が流行した。

<解説>

＊日本では、1052（永承７）年から末法の世に入るとされた。

24 平安時代の女流文学

下級貴族は自分の娘に幅広い教養を身につけさせ、摂関家をはじめとした上級貴族の娘に仕えさせることで、人事権を掌握した上級貴族に近づき、国司などに任命されることを願った。こうして下級貴族の娘たちが身につけた高い教養は文学の世界でも発揮され、優れた女流文学が生まれることにつながった。

<ポイント>

①上級貴族は、官吏の人事権を掌握していた。

②下級貴族は、経済的に有利な国司の職を求めた。

③下級貴族は、娘を上級貴族の娘に仕えさせることで、上級貴族に近づいた。

④下級貴族の娘が身につけた教養は、文学の世界で発揮された。

25 仏像制作の技法

一木造は1つの木材から仏像全体を彫りおこすもので、寄木造は仏像の身体をいくつかの部分にわけて別々に彫り、これを寄せあわせる手法である。寄木造は、巨木を必要とせず木材確保が容易で、末法思想を背景とした浄土教の流行にともない各地で高まった仏像の需要にこたえた。

＜ポイント＞

①一木造は、1つの木材から仏像全体を制作する技法である。

②寄木造は、仏像の身体を別々に彫ってから寄せあわせ、一体の仏像を制作する技法である。

③寄木造は、必ずしも巨木を必要としなかったため、材料確保が容易であった。

④末法思想を背景に、各地で仏像の需要が高まった。

Advanced　中　世

26 鎌倉幕府の立地

鎌倉は畿内と東国を結ぶ東海道の要衝の地であり、南は海に面し、三方を小さな丘陵に囲まれた要害の地であった。さらに源頼義が石清水八幡宮を勧請して鶴岡八幡宮を建立した地であり、源氏とゆかりが深かったため選ばれた。

＜ポイント＞

①鎌倉は、東海道の要衝の地として知られていた。

②南は海に面し、東・北・西の三方を丘陵に囲まれていた。

③源頼義以来、源氏とのゆかりが深かった。

＜解説＞

＊1028（長元元）年に平忠常の乱が起こり、その鎮圧のため源頼信・源頼義父子が関東地方に下向した。鎌倉に所領を持っていた平直方（なおかた）は、頼義の弓馬の術が優れていることに感銘を受け、娘婿とした。

27 北条氏の台頭

源頼家の妻である若狭局は有力御家人であった比企能員の娘であり、能員は頼家の後見の立場にあった。頼家と若狭局の子一幡が将軍となった場合、外戚にあたる比企氏が大きな権力を握ることから、これを未然に防ぐために頼家を殺害する必要があった。

＜ポイント＞

①若狭局は比企能員の娘であった。

②比企能員は源頼家の後見の立場にあった。

③一幡が将軍となった場合、比企氏は外戚として大きな権力を持つことになる。

＜解説＞

＊源頼朝の乳母の次女が源頼家の乳母であるなど、比企氏は源氏と密接な関係を持っていた。

＊北条氏と比企氏はともに、源氏の外戚として権力を争っていた。

28 執権政治の確立

北条時政は、**源実朝**を将軍に立てて外祖父として後見する立場を獲得し、さらに政所別当に就任し執権として政治を開始した。この地位を継いだ子の義時は、侍所の別当**和田義盛**を滅ぼして政所と侍所の別当を兼務し、幼少の将軍を摂関家から迎えることで権力を掌握した。そして**承久の乱**で勝利することで、朝廷に対して幕府が優位に立った。こうして執

権政治が確立し、執権の地位は北条氏によっ
て世襲された。

<ポイント>

①北条時政は源実朝を将軍に就け、外祖父とし
　て後見にあたった。

②北条時政は政所別当となって執権の地位とな
　り政治を始めた。

③北条義時は和田義盛を滅ぼして、政所・侍所
　の別当を兼務した。

④北条義時は幼少の将軍を迎えることで権力を
　掌握した。

⑤幕府は承久の乱に勝利することで、朝廷より
　優位に立った。

⑥執権の地位は北条氏によって世襲された。

<解説>

＊源実朝の乳母は北条政子の妹の阿波局（あわのつぼね）であり、
　実朝は北条氏による強い庇護のもとで育てら
　れた。

＊承久の乱で勝利したことで、北条氏に対する
　朝廷からの干渉が排除され、執権政治が安定
　した。

29　御成敗式目

武家によって制定された初の法典である御成
敗式目に対して、律令など法典の制定に長い
歴史を持つ公家側からの批判が予想されたこ
とから、式目が武家のみに適用されることを
重時に回答させることで公家側の反発を避け
ようとする意図があった。

<ポイント>

①御成敗式目は武家によって初めて制定された
　整った法典であった。

②御成敗式目の制定は、公家側から批判される
　ことが予想された。

③御成敗式目は武家のみに適用され、公家を対

象としていない。

④重時は公家側に式目制定の趣旨を回答する、
　重要な役目を負っていた。

<解説>

＊公家側は、武家が制定した式目によって、律
　令の系統を引く公家法が改変されてしまう可
　能性を不安視していた。

<史料現代語訳>

　この式目は何を根拠にして作成したのかと、
朝廷の人々は非難するだろう。これといえる
ものを参考にしたわけではなく、ただ武家社
会の道理（慣習・道徳）を記したものである。
……この式目は、仮名しか知らない者が世間
に多いので、……武家の人々への便宜のため
に定めたものである。これによって朝廷の法
である律令が少しもかわることはない。

30　鎌倉仏教

浄土宗の法然は、阿弥陀仏の誓いを信じ、念
仏をとなえることで極楽浄土に往生できると
する専修念仏の教えを説いた。法然の弟子の
親鸞は、煩悩の深い人間である悪人こそが阿
弥陀仏の救いの対象であるとする悪人正機を
説いて、浄土真宗を開いた。親鸞のあとに出
た一遍は、念仏をとなえれば、善人・悪人や
信心の有無を問わず救われると説き、念仏札
を配り、踊念仏によって布教活動を展開して
時宗の開祖となった。日蓮が開いた日蓮宗は
題目をとなえることで救われると説き、他宗
を激しく攻撃しながら布教活動を展開したと
ころに特徴があり、このため幕府の迫害を受
けた。栄西が伝えた臨済宗は、坐禅の中で師
から与えられる問題を解決する公案問答に特
徴があり、公家や幕府有力者らの帰依を受け
ることで発展した。曹洞宗はただひたすらに

坐禅に徹せよと説き、権力と結びつかず、坐禅そのものを重視する教えを説いたところに特徴がある。鎌倉仏教の各宗は、選びとられたただ1つの道によってのみ救いにあずかることができると説いたところに大きな特徴をみることができる。

<ポイント>
①法然は専修念仏の教えを説き、浄土宗を開いた。
②親鸞は悪人正機を説き、浄土真宗を開いた。
③一遍はただ念仏をとなえればよいと説き、念仏札を配り、踊念仏によって教えを広め、時宗を開いた。
④日蓮は題目をとなえれば救われると説き、日蓮宗を開いた。
⑤栄西は臨済宗を伝え、公案問答によって悟りに達することを主眼とした。
⑥道元は曹洞宗を伝え、ひたすら坐禅することの重要性を説いた。

<解説>
＊浄土教の教えは、時代を経るごとに、阿弥陀仏への信仰心や救われようとする努力の必要性が薄れ、念仏さえとなえれば救われるという「絶対他力」の性質が強まっていく。
＊禅宗は坐禅によって自らを鍛錬して、釈迦の境地に近づくことを主張した「自力」の教えである。

31　永仁の徳政令

窮乏した御家人は所領を質入れ・売却して貨幣を手に入れたが、永仁の徳政令によって質入れ・売却が禁止されたため、貨幣を手に入れる手段を失った。また、土地の無償返却で大きな損害を被った借上らが、再度の徳政令発布を恐れて御家人との取引に消極的になっ

たため。

<ポイント>
①窮乏した御家人は所領を質入れ・売却して貨幣を入手した。
②永仁の徳政令によって、所領の質入れ・売却が禁止された。
③土地の無償返却で、借上らは大きな損害を被った。
④借上らは再度の徳政令発布を恐れて、御家人との取引に消極的になった。

<史料現代語訳>

> 一　質入れや売買した土地のこと
> 　所領の質入れや売買は、御家人が困窮する原因である。今後は禁止する。以前に売却した土地は、元の所有者のものとする。ただし幕府の下文や下知状を買主が取っている場合や、買主のものとなってから20年経っている場合は、公領か私領かを問わず、現状を変更してはならない。……
> 　次に御家人でない者や借上が買主の土地は、20年経っている場合でも、売主のものとしなさい。

32　建武の新政

建武の新政で進められた天皇中心の政策は、それまでの**武家社会の慣習**を無視したものであったため、武士の不満と混乱を引き起こした。また、公家と武士がそれぞれに望む政治の理想が異なり、協調した政務運営ができず、その結果、政務が停滞することになった。政策に対する社会の不満は**二条河原落書**などに表れ、京都における治安悪化が大きな社会問題であったことがうかがえる。政策への不満が大いに高まる中で起こった**中先代の乱**を契機に、足利尊氏が建武政権に反旗をひるが

えしたため、新政は崩壊した。

<ポイント>

①天皇の政策は、武家社会の慣習を無視していた。

②政権内で公家と武家が対立し、政務が停滞した。

③二条河原落書には、天皇の政策への不満が表れている。

④中先代の乱を契機として、足利尊氏は新政権に反旗をひるがえした。

33 南北朝の動乱

南朝側では動乱の初期に有力武将が戦死するなど形勢は不利であったが、北朝側で足利直義を支持する勢力と高師直を中心とする新興勢力の対立が起こり、**観応の擾乱**と呼ばれる内部分裂に発展した。抗争は足利直義が敗死したあとも続き、尊氏派・旧直義派・南朝勢力の三者が離合集散を繰り返した。また武家社会では惣領制が解体して宗家と分家が独立し、**単独相続**が一般化したことで、それまで血縁的結合を重視していた武士団が、**地縁的結合**を重視するようになり、各地の武士団の内部にも分裂や対立が起こったことで、動乱は長期化した。

<ポイント>

①動乱の初期に有力武将が敗死するなど、南朝側の形勢は不利であった。

②北朝内部で足利直義と高師直とが対立した。この対立は観応の擾乱と呼ばれる。

③惣領制が解体し、単独相続が一般化した。

④新たに形成された各地の武士団の内部にも分裂や対立が起こり、各地域での主導権をかけて争った。

<解説>

＊南朝側では、楠木正成・新田義貞が動乱の初期に戦死した。

＊それまでの武士の社会は分割相続を原則とし、惣領制によって成り立っていた。

34 守護の権限拡大

室町幕府は、地方武士の力が増大したため彼らを統轄する必要に迫られ、守護の権限を拡大した。大きな権限を持った守護の中には、国衙の機能を吸収して、一国全体におよぶ支配権を確立して守護大名化する者もあった。

<ポイント>

①室町幕府は守護の権限を拡大して、地方武士の動員をはかった。

②守護の中には一国全体の支配権を確立し、守護大名化する者もあった。

<解説>

＊地方在住の武士は、国人と呼ばれる。

＊国人は国人一揆を結成して、守護の支配に抵抗した。

35 半済令

半済令は、軍費を調達するために守護に一国内の荘園や公領の年貢の半分を徴発する権限を与えたものである。当初は1年限りで、特に動乱の激しかった近江・美濃・尾張の3国に限定されていたが、やがて全国的に、また永続的に実施されるようになり、しかも年貢だけではなく、土地を分割するようになった。守護はこうした年貢、のちには土地を武士たちに分与することで、彼らを自らの統制下に繰り入れていった。

<ポイント>

①半済令によって、守護は一国内の荘園や公領

の年貢の半分を徴発できるようになった。

②当初は１年限りで、近江・美濃・尾張に限定
　されていた。

③しだいに全国的、かつ永続的に実施されるよ
　うになった。

④のちに年貢だけではなく、土地を分割できる
　ようになった。

＜解説＞

＊守護は、武士たちに土地を分け与えることで
　主従関係を結んだ。

36　地頭請と守護請

鎌倉時代、地頭は現地の管理者として徴税と
納税を担っていたが、支配権を拡大させよう
と、荘園・公領の領主と衝突するようになっ
た。このため領主は地頭請所の契約を結んで、
地頭に現地の支配を任せ、年貢の納入を請け
負わせた。室町時代になると守護が大きな権
限を持ったため、荘園や公領の領主が年貢の
徴収を守護に請け負わせる守護請が盛んに行
われるようになった。

＜ポイント＞

①地頭請は、鎌倉時代に行われた。

②地頭請は、徴税と納税を地頭に請け負わせる
　ものであった。

③地頭の支配権拡大にともない、地頭請が盛ん
　に行われるようになった。

④守護請は、室町時代に行われた。

⑤守護請は、年貢の徴収を守護に請け負わせる
　ものであった。

⑥守護の支配権拡大にともない、守護請が盛ん
　に行われるようになった。

＜解説＞

＊鎌倉時代には、地頭請のほかに、下地中分が
　行われることもあった。

37　傘連判状

文書の形式：傘連判状

一揆結成にあたって参加者の平等性を示すた
め、参加者の守るべき規約などを定めた文書
の署名に、こうした形式が採用された。

＜ポイント＞

①写真のような円形の署名を、傘連判状という。

②一揆の際には、参加者の守るべき規約が定め
　られた。

③一揆の際には、参加者の平等性が重視された。

＜解説＞

＊写真は1557（弘治３）年に安芸国人らにより作
　成された傘連判状で、毛利元就の署名もある。

38　足利義満の守護政策

足利氏一門である細川氏・斯波氏・畠山氏を
将軍の補佐役である**管領**に就任させ、また有
力守護であった赤松氏・一色氏・山名氏・京
極氏を**侍所所司**に就任させるなど、有力守護
を幕府の統治に協力させた。一方、強大な権
力を持っていた有力守護の山名氏清らを**明徳
の乱**で滅ぼすなどして統制した。また、将軍
の直轄軍として**奉公衆**を組織して守護をけん
制し、さらに守護を在京させて幕府に出仕さ
せる**守護在京の原則**を採用した。

＜ポイント＞

①有力守護を管領・侍所所司に就任させ、幕政
　の運営にあたらせた。

②強大となった守護の統制をはかって、土岐
　氏・山名氏・大内氏などを滅ぼした。

③奉公衆に守護をけん制させた。

④守護は在京して幕府に出仕した。

39　日明貿易と日朝貿易

日明貿易は、明の皇帝へ朝貢し、その返礼と

して品物を受け取る朝貢貿易の形式が採用された。そして遣明船は渡航の際、明から交付された勘合を持参することが義務付けられた。4代将軍足利義持は明に服属するかたちの朝貢形式を不服として一時貿易を中止した。しかし朝貢形式の貿易は、滞在費・運搬費などを全て明側が負担したため日本側の利益は莫大であり、この利益のため6代将軍足利義教は貿易を再開した。一方日朝貿易は、幕府だけではなく初めから守護・国人・商人など様々な階層が参加して行われたため、朝鮮側は対馬の宗氏を通して制度を定め統制した。中国からの輸入品は銅銭のほか、生糸・高級織物・陶磁器などであったのに対して、朝鮮からは木綿を中心とする織物類であった。

＜ポイント＞
①日明貿易は、朝貢貿易である。
②4代将軍足利義持は、朝貢形式を不服とした。
③6代将軍足利義教は、貿易の利益を優先した。
④日朝貿易は、当初から様々な階層が参加した貿易であった。
⑤朝鮮側は対馬の宗氏を通して貿易を統制した。
⑥中国からの輸入品は、銅銭が主であった。
⑦朝鮮からの輸入品は、木綿などの織物類が主であった。

40　惣村

惣村は寄合という惣百姓の会議の決定に従って、おとな・沙汰人などと呼ばれる村の指導者によって運営された。村民は自らで守るべき規約である惣掟を定めたり、村内の秩序を維持するために村民自身が地下検断と呼ばれる警察権を行使するなど、村民による自治が行われた。また惣村は農業生産に必要とされる入会地の確保や灌漑用水の管理にもあたった。領主へ納める年貢は村民が各自で納入するのではなく、惣村がひとまとめに納める地下請が採用された。

＜ポイント＞
①寄合という会議が重視され、指導者によって運営された。
②惣掟と呼ばれる規約が作成された。
③地下検断と呼ばれる警察権が行使された。
④入会地や灌漑用水の管理が行われた。
⑤年貢納入は、惣村全体による地下請が採用された。

41　分一徳政令

(1)土倉や酒屋に対して課す土倉役・酒屋役は室町幕府の重要な財源であった。土倉・酒屋は高利貸を営んでおり、幕府による徳政令の発布は、土民らに対する債権の喪失につながり大打撃を受けた。損害を受けた土倉・酒屋からの税収が減るため、室町幕府の財政は困窮することになる。

＜ポイント＞
①土倉役・酒屋役は幕府にとって重要な財源であった。
②徳政令の発布によって、土倉・酒屋は大きな損害を被った。
③徳政令の発布後、土倉・酒屋からの税収が大きく減少した。

(2)徳政令を発布することは、土民らを救済することになるが、土倉役・酒屋役が減って財政難につながる。徳政令を発布しないことは、土倉・酒屋を守ることになるが、土民らの不満を抑えられない。室町幕府は、財政と社会の安定化をはかろうとして、分一徳政令を発布した。

<ポイント>

①徳政令の発布は、土民らを救済することにつながった。

②徳政令の発布は、幕府の財政難につながった。

③徳政令の発布を回避することは、土倉・酒屋の債権を守ることにつながった。

④徳政令の発布を回避することは、土民らの不満増大につながった。

42 『神皇正統記』

南北朝の動乱期の中で、南朝の後醍醐天皇を支えていた北畠親房は、『神皇正統記』を著すことで後醍醐天皇が正しい皇位継承者であることを主張し、東国の武士たちを味方につけて、南朝勢力の結集をはかろうとした。

<ポイント>

①『神皇正統記』は、南北朝の動乱期に書かれた。

②北畠親房は南朝の立場から皇位継承の道理を説いた。

③南朝の正統性を東国武士に主張することで、南朝勢力の結集をはかった。

<解説>

＊地方武士の目的は所領の安堵であり、彼らは北朝・南朝のどちらに味方すれば目的が達せられるのかを考えて行動した。

43 北山文化

北山文化の名称は、第3代将軍足利義満が京都の北山に御所を築いたことに由来する。義満の時代に、南宋の官寺の制にならった**五山・十刹**の制が整えられ、臨済宗の寺院は幕府の支配下に入った。五山の僧は、水墨画の伝来や**五山文学**に代表される中国文化の普及に貢献するだけでなく、幕府の政治・外交顧

問としても活躍した。能は北山文化を代表する芸能で、大和猿楽四座の1つであった観世座から出た観阿弥・世阿弥は、義満の保護を受けて猿楽能を完成させた。また、世阿弥は能の理論書である『風姿花伝』も残した。

<ポイント>

①北山文化の名称は、足利義満が京都の北山に御所を築いたことに由来している。

②臨済宗は、五山・十刹の制によって幕府に統制された。

③五山の僧は、水墨画や五山文学などの中国文化の普及に貢献した。

④五山の僧は、幕府の政治・外交顧問としても活躍した。

⑤能では、観阿弥・世阿弥が足利義満の保護を受けた。

⑥世阿弥は『風姿花伝』を著した。

44 室町幕府の将軍

3代将軍足利義満は朝廷が保持していた権限を幕府の管轄下に置き、幕府機構を整備するなど室町幕府の基礎を固めた。その上で将軍に抵抗し得る守護の勢力を削減し、さらには南北朝の動乱を収めるなど将軍権力を確立した。3代将軍の時代に確立した将軍権力は4代将軍義持にも受け継がれ、将軍は有力守護との勢力均衡を保った。6代将軍義教の時代に入ると、将軍が嘉吉の変で殺害されるなど、将軍の権力は大きく動揺することになった。8代将軍義政の時代には、有力守護家や将軍家に内紛が起こり、応仁の乱に発展した。この乱後、在京して幕政に参加することになっていた有力守護が、自らの領国へ戻るなど、京都における将軍権力は失墜した。

<ポイント>

①Ａ：足利義満は、朝廷が保持していた権限を幕府の管轄下に置いた。

②Ａ：足利義満は、幕府の機構を整えて幕府支配の基礎を固めた

③Ａ：足利義満は、有力守護の勢力削減に努めて将軍権力を高めた。

④Ａ：足利義満は、南北朝の合体を実現して内乱を終結させた。

⑤Ｂ：足利義持の時代は、将軍と有力守護との間の勢力均衡が保たれていた。

⑥Ｃ：足利義教は、嘉吉の変で殺害された。

⑦Ｄ：足利義政は応仁の乱を止めることができなかった。

⑧Ｄ：応仁の乱後、守護が在京して幕政に参加する原則が崩壊した。

Advanced　近　世

45　宣教師の布教活動

宣教師たちは、キリスト教布教のためには日本の習慣や生活様式に従うことが重要であると考え、布教の場に日本に根付いた仏教の寺院を利用することで、日本人の警戒心を解こうとした。

<ポイント>

①宣教師は、日本の習慣や生活様式に従った。

②布教の場に仏教寺院を利用し、警戒心をやわらげようとした。

<解説>

＊宣教師は日本語や日本文化を研究した。

＊教会堂には、木造・瓦葺の建築方法が多く利用された。

46　南蛮貿易の特徴

南蛮貿易は、キリスト教宣教師の布教活動と一体化して行われたため、貿易での利益獲得を目指した大名は、自らが積極的にキリシタンになって貿易船の招来に努めた。

<ポイント>

①南蛮貿易は、キリスト教宣教師の布教活動と一体化していた。

②キリシタンになることで、貿易船の招来に努めた。

47　バテレン追放令

南蛮貿易は、キリスト教の布教活動と一体化して行われていた。それにもかかわらずバテレン追放令の中で、黒船は商売のことなので特別であるとして来航を許したことから、キリスト教の取締りは徹底されなかった。

<ポイント>

①南蛮貿易とキリスト教の布教活動は、一体化して行われた。

②バテレン追放令では、貿易は認められていた。

<解説>

＊黒船とは、南蛮船(ポルトガル船・スペイン船)のことである。

<史料現代語訳>

> 一　日本は神国であるから、キリシタンの国から邪悪な教え(キリスト教のこと)を布教することは、大変よろしくないことである。
>
> 一　大名が自分の領地の国郡の者にすすめて信者にし、神社仏閣を壊しているということであるが、前代未聞である。
>
> 一　宣教師は、その教義やいろいろな知識を持って人々に布教し、その者たちは自分の意思で信者になっていると秀吉公は思われていたが、右のように強制的に信者を増や

したり、日本の仏教を破壊したりしている
ことはけしからぬことであり、これでは宣
教師を日本に置いておくことはできないた
め、今日より20日間で準備して帰国するよ
うにしなさい。
一　南蛮船については商売が目的なので特別
である。以後、年月を経ても諸取引をする
ようにせよ。

48　豊臣秀吉の対外政策

当時の東アジアは、中国を中心とする伝統的
な国際秩序が明の国力の衰退によって変化し
つつある状況であった。こうした情勢の中で、
豊臣秀吉は日本を東アジアの中心とする新し
い国際秩序をつくろうと考えた。

＜ポイント＞
①中国(明)の国力が低下したことで、東アジア
　情勢が変化した。
②豊臣秀吉は中国(明)にかわって、東アジアを
　支配しようとした。

＜解説＞
＊中国を中心とする国際秩序とは、冊封体制の
　ことであり、日本は足利義満が日明貿易を開
　始した際に、その冊封体制下に入った。しか
　し、貿易を担っていた大内氏が16世紀半ばに
　滅亡して以来、日中間の国交は断絶していた。

49　一国一城令

江戸幕府にとっては、おもに南蛮貿易で利益
をあげた西日本の大名の軍事力を削減する効
果があった。諸大名にとっては、居城以外の
城を破壊することで軍事力が大きく低下した
が、その一方、領内の家臣の城を壊すことで
家臣の軍事力を削ぎ、領内の統治を安定させ
ることができた。諸大名の家臣は、城を失っ

たことで大名が支配する城下町に住み、藩の
政治を分担して大名の政治を支えるようにな
った。給与も年貢米から支給されることにな
り、大名と家臣の主従関係が確立され、家臣
に対する大名の優越が確立された。

＜ポイント＞
①Ａ：西日本の大名は、南蛮貿易で大きな利益
　をあげていた。
②Ｂ：一国一城令で、江戸幕府は諸大名の軍事
　力を削減することができた。
③Ｃ・Ｄ：一国一城令で、諸大名は家臣の軍事
　力を削減することができ、大名と家臣の主従
　関係が確立した。

50　参勤交代

(1)「従者ノ員数近来甚ダ多シ、且ハ国郡ノ費、
且ハ人民ノ労也。向後其ノ相応ヲ以テ、之ヲ
減少スベシ」とあり、江戸幕府が参勤交代の
負担を抑えるように命じているため。

＜ポイント＞
①従者の人数が多いと支出が増えるため、今後
　は減らせと明記されている。
②武家諸法度の文言は、諸大名の経済力を削減
　することと矛盾する。

(2)戦時に将軍の命令で出陣することや、将軍
の上洛に際して将軍を護衛する軍役が課され
たほか、平時には江戸城の修築や河川工事な
どの普請役が課された。

＜ポイント＞
①戦時における戦争参加や、将軍警護などの軍
　役が賦課された。
②平時には普請役が賦課された。

(3)大名には石高に応じた軍役が課されたが、

戦いが減少したことで軍役を果たす機会が減少する中、軍役に準じる奉公として参勤交代が制度化された。参勤交代は将軍と大名の主従関係を確認するとともに、諸大名を将軍の監視下に置くものであった。

＜ポイント＞

①戦争が減少したことで、軍役を果たす機会が減少した。

②軍役に準じる奉公として参勤交代が制度化された。

③参勤交代は、将軍への忠誠を誓う儀式であった。

④参勤交代は、諸大名を将軍の監視下に置く制度として機能した。

51　大井川の役割

幕府のある江戸を防衛するため。万一、西日本から江戸に向かって攻めてくる軍勢があった場合でも、交通を遮断することができた。

＜ポイント＞

①幕府のある江戸を防衛する必要があった。

②西日本の大名に攻め込まれた場合、交通を遮断できた。

＜解説＞

＊写真は歌川広重作の「東海道川尽　大井川の図」。

52　幕府の職制

重要な役職の定員が１名であると、権力が独占されてしまう恐れがあるために複数制が採用された。しかし、常に複数人による会議を行うと政務が停滞するので、そうした状況を避けるため月番交代となった。そして重要案件は評定所で、構成員が合議して決裁した。

＜ポイント＞

①重要な役職は、権力の独占を排除するため複数制であった。

②複数人の合議による政務停滞を解消するため月番交代となった。

③重要案件は、単独ではなく複数人による合議で決裁された。

53　中世の寺院と江戸時代の寺院

中世の寺院は**僧兵**を保有し、広大な荘園を所有するなど大きな軍事力と経済力を持っていた。なかには、本願寺のように**一揆**を主導するなどして大名と争う寺院もあった。一方、江戸時代の寺院は、キリスト教の禁教政策の中で、だれもが必ず**檀家**として所属し、それを証明する機関となった。寺社奉行によって監督され、さらには幕府が発布した**諸宗寺院法度**によって統制されることで民衆支配の末端を担った。

＜ポイント＞

①中世の寺院は、僧兵という軍事力を保有した。

②中世の寺院は、荘園という経済力を保有した。

③中世の寺院は、守護大名や戦国大名と争った。

④江戸時代の寺院は、檀家であることを証明する機関であった。

⑤江戸時代の寺院は、キリスト教の根絶に大きな役割を果たした。

⑥江戸時代の寺院は、寺社奉行の管理下にあった。

⑦江戸時代の寺院は、諸宗寺院法度で統制された。

54　長崎貿易

長崎にはオランダと中国の２カ国の貿易船が来航した。いずれも輸入品は中国産の生糸や

織物類、輸出品は銀が主であった。居住区域はオランダ人が長崎の出島、中国人は唐人屋敷に限定された。

＜ポイント＞

①長崎貿易は、オランダと中国の２カ国の貿易船に限定された。

②輸入品の主なものは、中国産の生糸や絹織物、ヨーロッパからの綿織物・毛織物など織物類であった。

③輸出品の主なものは、銀であった。

④居住区域については、オランダ人は出島、中国人は唐人屋敷に限定された。

＜解説＞

＊当初、中国人は長崎の町に日本人と雑居していた。

55　対馬藩と松前藩

藩主と家臣の主従関係は、江戸時代初期には家臣に領地を与えてその領民支配を認める地方知行制が採用されたが、のちには知行として米を与える俸禄制度が採用されるようになった。しかし対馬・松前の両藩では、農耕地に恵まれなかったため、対馬藩では朝鮮との貿易利潤が、松前藩ではアイヌとの交易権が知行として与えられることで、藩主と家臣の主従関係が結ばれていた。

＜ポイント＞

①藩主と家臣の主従関係は、俸禄制度によって成り立っていた。

②対馬藩主の宗氏は、家臣に朝鮮貿易の利潤を知行として与えた。

③松前藩主の松前氏は、家臣にアイヌとの交易権を知行として与えた。

＜解説＞

＊知行とは、幕府が藩（藩主が家臣）に対して

「御恩」として土地支配を認めること。

＊アイヌとの交易権を知行として与える制度を、商場知行制と呼ぶ。

56　村と百姓

村は、名主・組頭・百姓代からなる村方三役を中心とする本百姓によって運営され、入会地の利用、用水や山野の管理、道の整備、治安や防災などを共同で自主的に担った。また村の運営は村民が定めた村法に基づいて行われ、これに背くと村八分などの制裁が加えられた。年貢の納入は村の責任で行う村請制がとられ、領主は村の自治に依存することで村を支配することができた。本百姓は、税を負担する村の正規の構成員として村政に参加した。本百姓以外の水呑などは、税負担はなかったが、村政には参加できなかった。

＜ポイント＞

①村は名主・組頭・百姓代を中心に運営された。

②村での生活に必要とされる仕事は、村民が共同で自主的に担当した。

③村の運営は、村民が取り決めた村法（村掟）に基づいて行われた。

④年貢・諸役は村単位で請け負った。

⑤年貢を負担する本百姓が村政に参加できた。

⑥税負担のない水呑や名子・被官・譜代などは、村政には参加できなかった。

＜解説＞

＊村八分とは、特定の家に対して日常的な付き合いをせず絶交する、村落社会における制裁のこと。

57　町と町人

町には町内に町屋敷を持つ家持の住人がおり、彼らを狭義での町人と呼んだ。この家持の町

人の代表である名主・月行事を中心に、町法に基づいて町の運営が行われ、町人足役などをつとめた。一方で地借や借家・店借と呼ばれた住人もおり、彼らは地主の町人に地代や店賃を払うほかに多くの負担はなかったが、町の運営には参加できなかった。

＜ポイント＞
①家持の住人を町人と呼び、町人によって町政が行われた。
②町の運営は、町人が取り決めた町法（町掟）に基づいて行われた。
③地借や借家・店借は、税を負担しないかわりに町政に参加できなかった。

＜解説＞
＊広義には、町人地に住む人々全体を町人と呼ぶ。

58　殉死の禁止

(1)社会秩序が安定しつつある一方で、江戸時代初期に多くの大名を改易したことなどにより、多数の牢人やかぶき者がおり、都市の治安悪化につながっていた。このような中で、兵学者である由井正雪が牢人集団を率いて幕府転覆をはかろうとする慶安の変が起こった。

＜ポイント＞
①牢人やかぶき者が社会にあふれ、治安が悪化していた。
②由井正雪の乱（慶安の変）が起こった。

＜解説＞
＊由井正雪の乱（慶安の変）後、牢人対策として末期養子の禁止が緩和され、50歳未満の大名に認められるようになった。

(2)戦国時代において、武士は戦いで功績をあげることで主人から恩賞を得たり、下剋上を

行ったりしていたことから、牢人らの中には戦乱を望む者がいた。

＜ポイント＞
①戦国時代、武士は戦功をあげることで、恩賞を得ていた。
②牢人らは地位向上・経済的豊かさを求めて、戦乱を待望した。

(3)戦国時代には主人個人に奉公するという考え方があり、殉死を禁止することでその考え方を改めさせ、主人の家に奉公するという新しい主従関係のあり方を示した。こうすることで下剋上の風潮を消滅させようとした。下剋上は戦国時代の遺風であり、牢人らは出世のため戦乱を望んでいたため、こうした考え方を否定する必要があった。

＜ポイント＞
①従者は主人個人ではなく、主家に奉公するという主従の関係が示された。
②幕府は、戦国時代の遺風である下剋上の風潮を消滅させようとした。

59　元禄小判

(1)幕府直轄領からの年貢と、佐渡や石見大森など主要鉱山からの収入が主なものであった。

＜ポイント＞
①直轄領からの年貢収入。
②鉱山からの収入。

(2)比較的豊かだった佐渡金山などの金銀の産出量が減り、鉱山収入が減少した。さらに明暦の大火で被害を受けた江戸城と市街の再建費用や、寺社造営費などが大きな支出増となり、幕府財政の悪化をまねいた。

<ポイント>

①鉱山からの収入が減少した。

②明暦の大火からの復興費用と寺社造営費が増大した。

(3)幕府財政の悪化をまねいたことで、勘定吟味役の荻原重秀は、小判に含まれている金の含有率を減らした元禄小判を発行し、金の差額分を幕府の収入として財政を立て直そうと試みた。これにより、幕府は多大な収益をあげたが、価値が低下した貨幣の発行は物価上昇をもたらし、人々の生活を圧迫した。

<ポイント>

①荻原重秀は、勘定吟味役であった。

②小判に含まれる金の量を減らし、その減らした分を幕府の収入とした。

③貨幣価値の低下は物価の上昇をもたらし、人々の生活が圧迫された。

<解説>

＊貨幣価値が下落して物価が上昇する経済現象を、インフレーションという。

＊貨幣価値が上昇して物価が下落する経済現象を、デフレーションという。

60　五街道

街道名：日光道中

日光道中は日光東照宮を終着点として整備された。日光東照宮は江戸幕府を開いた徳川家康をまつり、幕府権威の象徴として存在した。この権威の高揚をはかるため、将軍はたびたび日光社参を行い、朝廷も日光例幣使を派遣した。

<ポイント>

①日光道中の終着点は、日光東照宮である。

②日光東照宮は徳川家康をまつっている。

③将軍家は、日光社参を行った。

④朝廷は、日光例幣使を派遣した。

<解説>

＊徳川家康をまつる日光東照宮を参詣することを、日光社参という。

＊朝廷から派遣される日光例幣使は、上級貴族とされた。

61　金貨と銀貨

使用法については、Ⅰの金貨は計数貨幣であったため、枚数を数えればその価値を計算できたが、Ⅱの銀貨は秤量貨幣であったため、取引のたびに重さをはかって使用した。流通地域については、東日本は金遣いといわれ、おもに金貨が使用され、西日本は銀遣いといわれ、おもに銀貨が使用された。

<ポイント>

①金貨は計数貨幣で、丁銀や豆板銀などの銀貨は秤量貨幣であった。

②東日本は金遣い、西日本は銀遣いであった。

<解説>

＊Ⅰは慶長小判、Ⅱは左側が丁銀、右側が豆板銀である。

＊田沼意次の時代には、計数銀貨である南鐐二朱銀が鋳造された。

62　上げ米

上げ米は諸大名から石高1万石につき100石を臨時に上納させる制度であり、この額は幕府の年貢収入の1割以上に相当した。幕府財政が窮乏していたために9年間も続けられた。しかし、この制度は将軍側には恥辱であり、上げ米のかわりに参勤交代の在府期間が半減されたことで、大名に対する監視・統制が緩むことも懸念されたため、9年間しか続けら

れなかったと考えられる。

<ポイント>

①上げ米の額は、幕府の年貢収入の1割以上であった。

②上げ米は、窮乏していた幕府財政にとって大きな財源であった。

③上げ米は、将軍側には恥辱と認識された。

④参勤交代の在府期間半減により、大名に対する監視・統制が緩むことが懸念された。

<解説>

＊上げ米によって、幕府は年間18万7000石の収入を得た。

<史料現代語訳>

> 将軍直属の旗本として召し抱えられている御家人（家臣）は、将軍の代を重ねるごとにだんだん数が増えた。幕府の貢租収入も前よりは多くなったが、切米・扶持その他主要な経常支出の支払高と比べれば、結局毎年不足である。……そのため、代々このような沙汰はなかったことであるが、万石以上の大名より米を上納するよう命じようとお考えになった。そうしなければ御家人の内数百人に暇をとらせるより他はないので、恥辱をかえりみずお命じになったものである。石高一万石について米百石の割合で上納せよ。……この上げ米のかわりとして江戸滞在を半年ずつ免除されるので、国元でゆっくり休息するようにとの仰せである。

63　洋学の興隆と発展

8代将軍**徳川吉宗**が漢訳洋書の輸入制限を緩め、青木昆陽・野呂元丈らにオランダ語を学ばせたことで蘭学興隆の基礎が築かれた。いち早く取り入れられたのは、実学としての医学であった。その成果として『ターヘル＝ア

ナトミア』を日本語に訳述した『**解体新書**』が、前野良沢や杉田玄白らによって著された。文化・文政期には、幕府の機関である天文方に**蛮書和解御用**が設置され、洋書の翻訳にあたった。しかし、洋学の研究はシーボルト事件や蛮社の獄で幕府による弾圧を受けたため、西洋文明の移入を医学・兵学・地理学などの科学技術のみに限定する実学としての性格を強めた。

<ポイント>

①徳川吉宗は、漢訳洋書の輸入制限を緩和した。

②徳川吉宗は、青木昆陽・野呂元丈らにオランダ語を学ばせた。

③蘭学は実学として医学の分野で取り入れられた。

④前野良沢や杉田玄白らが『解体新書』を著した。

⑤幕府の機関である天文方に、洋書の翻訳を行う蛮書和解御用が設けられた。

⑥幕府による蘭学への弾圧があったのちは、西洋文明の移入は科学技術など実学に限定して進められた。

<解説>

＊漢訳洋書とは、中国で漢文に翻訳した洋書のことで、徳川吉宗はキリスト教に関係する書物以外の輸入を許可した。

64　安藤昌益の思想

各自が耕作して子を育て、子が大人になり一生懸命耕作して親を養い、また自分の子を育てる。このことをだれもが行えば、収奪する者がいないので収奪される者もいない。全ての人が自分で耕作して生活する、無階級で平等な世の中が理想であると説いている。これは生産者である農民に武士が税を課す社会や

身分制度を批判したものである。

＜ポイント＞

①全ての人が耕作する、平等な社会を理想とした。

②武士が農民から搾取する社会や身分社会を批判した。

＜史料現代語訳＞

> ……各自が耕作して子を育て、子が大人になり一生懸命耕作して親を養い、また、その子を育て、一人がこれを行えばみながこれを行い、奪い取る者がいないので奪い取られる者もいない。天地と人々は常に一緒で、天地が誕生すると（太陽が昇れば）、人々は耕作を始める。これ以外に一切のかくしごとはない。これが自然の世の様子である。

65　浮世絵の創始・発展

元禄期には菱川師宣が浮世絵の版画を創始し、美人・役者などに画題を求めて都市の風俗を描いた。**宝暦・天明期**になると、鈴木春信が一枚刷りの多色刷浮世絵版画である錦絵を完成させた。**寛政期**では、美人画を描いた喜多川歌麿や、役者絵・相撲絵を描いた東洲斎写楽らが、大首絵の手法を用いて優れた作品を生み出した。**文化・文政期**では、全国各地に名所が生まれて民衆の旅が一般化する中で、錦絵の風景画が流行し、葛飾北斎が『富嶽三十六景』を、歌川広重が『東海道五十三次』などを描いた。**開国後**は浮世絵が、海外に輸出されてヨーロッパの画家たちに大きな影響を与えた。

＜ポイント＞

①元禄期に菱川師宣が浮世絵を創始した。

②宝暦・天明期に鈴木春信が錦絵を完成させた。

③寛政期に喜多川歌麿が美人画を、東洲斎写楽

が役者絵・相撲絵を描いた。

④文化・文政期には風景画が流行し、葛飾北斎や歌川広重らが活躍した。

⑤開国後、浮世絵が輸出され、ヨーロッパの画家たちに影響を与えた。

66　棄捐令

経済的に窮乏していた旗本・御家人を救うため、6年前までに借りた金は、古い借金と新しい借金の区別なく札差の債権を破棄させた。しかし、この政策は札差に大打撃を与え、旗本・御家人らへの新規の融資を困難とした。その結果、旗本・御家人は一時的に困窮を免れたが、札差からの融資を受けられずに困ることになり、有益な政策とはならなかったと考えられる。

＜ポイント＞

①棄捐令は、経済的に窮乏していた旗本・御家人を救うために発令された。

②1784（天明4）年までに借りた借金に対する札差の債権が破棄された。

③札差は経済的に大打撃を受けたことで、旗本・御家人に対する金融が困難になった。

＜解説＞

＊寛政の改革では、幕府は旗本たちの生活資金のために、貸金会所を設けて低利貸付を行った。

＜史料現代語訳＞

> 一　昔の借金はもちろん、6年前の天明4（1784）年の辰年までに借りた金は、古い借金と新しい借金の区別なく、債権は破棄されたことを承知せよ。

67　尊号一件

太上天皇は天皇譲位後の尊号であり、光格天

皇の実父の閑院宮典仁親王は天皇の位に就いていないために、定信は拒否した。また武家伝奏は、幕府の指示により幕府の組織である京都所司代と連携して朝廷統制を行う職であり、役料も幕府が負担しているので、幕府側に立つべきであるとして処分した。

＜ポイント＞
①閑院宮典仁親王は、天皇の位に就いていない。
②武家伝奏は、京都所司代と連携して朝廷統制を担った。
③武家伝奏への役料は、幕府が負担した。

＜解説＞
＊禁中並公家諸法度第2条の規定では、親王は摂家が就任する三公（太政大臣・左大臣・右大臣）の下位に置かれていた。
＊武家伝奏は朝廷と幕府との交渉を担当し、さらには朝廷の儀式全般に関与するなど、公家社会全体を監視する存在であった。関白に次ぐ重職とされた。

68　ロシアとの外交関係

1798年、幕府は近藤重蔵・最上徳内らを択捉島に派遣し、「**大日本恵登呂府**」の標柱を立てさせることでロシアとの境界を設定した。1800年には**八王子千人同心**100人を蝦夷地に住まわせ、1802年には東蝦夷地を永久の直轄とし、居住するアイヌを和人とした。1804年に来航したロシア使節**レザノフ**が、幕府による冷淡な対応を受けた帰りに樺太や択捉島を攻撃したため、1807年には幕府は松前藩と蝦夷地を全て直轄にして**松前奉行**を設置した。

＜ポイント＞
①近藤重蔵・最上徳内らに択捉島を探査させ、「大日本恵登呂府」の標柱を立てさせた。
②八王子千人同心100人が、蝦夷地の開拓のため

に入植した。
③東蝦夷地を永久の直轄地として、居住のアイヌを和人とする同化政策を進めた。
④ロシア使節レザノフが樺太や択捉島を攻撃したため、幕府は松前奉行を設置して松前藩と蝦夷地を直轄にした。

＜解説＞
＊松前藩は、蝦夷ヶ島を和人村落・藩の所在地の「和人地」と、アイヌ居住地・交易地の「蝦夷地」に区分し、この間の自由な交通を遮断していた。
＊「和人地」と「蝦夷地」全域が幕府の直轄とされた際、松前氏は陸奥国伊達郡梁川（現在の福島県伊達市）に移封（国替のこと）されたが、1821（文政4）年に幕府の直轄が解かれて松前藩に還付された。

69　関東農村の治安悪化

本百姓が所有する田畑は法令で売買が禁止されていたが、年貢納入のために借金の担保として質入れされる事態が生じた。そして借金を返済できずに土地を失った百姓は、地主の土地を耕作する小作人となるか、都市での日用稼ぎに従事した。天明の飢饉の影響で農村が荒廃し、多くの無宿人が都市に押し寄せる中で、幕府は農村への帰農策を推進した。しかし、彼らはもとの農村へは帰らず、江戸周辺の関東の農村に住み着いたため、治安悪化の一因となった。

＜ポイント＞
①A：土地の売買は禁止されていた。
②B：借金の担保として土地の質入れが行われた。
③C：土地を失った百姓は、小作人となるか、都市での日用稼ぎに従事した。

④C：飢饉があると農村でも多くの餓死者が出たため、農村を捨て都市へ出る百姓が増加した。

⑤D：帰農を促された都市の下層民は、もとの農村には戻らず都市の周辺に住み着いた。

<解説>

＊無宿人とは、住居や生業が一定せず、宗門人別改帳にも無記載の浮浪人のこと。

70　内憂と外患

内憂とは、この時期に起こった飢饉やそれにともなう一揆などである。1837年には大塩の乱が起こった。幕府直轄領の大坂で、大坂町奉行所の元与力であった**大塩平八郎**が、**天保の飢饉**で困窮した民衆を救うべく武力で幕府に反抗した。この乱に共鳴した国学者の生田万が大塩の弟子と名乗って、越後で陣屋を襲撃したり、各地で百姓一揆が発生したりした。外患とは、外国船の接近である。1837年には**モリソン号事件**が起こった。アメリカの商船モリソン号が日本人漂流民を送還して貿易開始を交渉しようとしたことに対して、幕府は異国船打払令に基づいてこれを撃退した。この事件について、渡辺崋山・高野長英はそれぞれ『慎機論』と『戊戌夢物語』を著して幕府の対外政策を批判したため、幕府によって処罰された。この弾圧を**蛮社の獄**という。

<ポイント>

①大塩平八郎は、もともと大坂町奉行の与力という幕府の役人であった。

②大塩の乱に呼応して、越後柏崎で生田万が挙兵した。

③大塩の乱に呼応して各地で百姓一揆が発生した。

④アメリカ商船モリソン号を、幕府は異国船打

払令に基づいて撃退した。

⑤渡辺崋山が『慎機論』を、高野長英が『戊戌夢物語』を著して幕府を批判した。

⑥幕府は蛮社の獄で、渡辺崋山らを処罰した。

71　株仲間の解散

幕府は株仲間に流通統制と価格統制を担わせていたため、物価騰貴の原因が株仲間にあると考えた。しかし、当時の物価騰貴は、商品が生産地から上方市場に届く前に売買されてしまい、上方に商品が集まらなくなっていたためであり、株仲間解散により、いっそう上方に商品が集まらなくなり、さらに物価が上昇していった。

<ポイント>

①株仲間には、流通統制と物価統制の役割が期待されていた。

②当時は、商品が大坂に届く前に他の場所で売買されるようになっていた。

③株仲間が扱える商品量が減少したことが、物価騰貴の要因であった。

<解説>

＊商品流通の基本構造は、全国の生産地から大坂に集荷され、大坂の二十四組問屋から江戸の十組問屋へ送られる仕組みであった。

＊天保小判が発行されたことで貨幣価値が下落したことも、物価上昇の要因であった。

＊株仲間は、10年後の1851（嘉永4）年に再興が許された。

Advanced　近代・現代

72　貿易の開始と攘夷運動

幕府が開始した貿易は、大幅な輸出超過となり、生糸をはじめ多くの国産品が海外に輸出

されて大きな利益をあげた反面、国内では品薄となり物価が上昇した。また、日本と外国との金銀比価の相違を利用して外国人が大量の金貨を海外に持ち出したため、これに対応すべく幕府は金貨の重量を大幅に減らして万延小判を発行した。これにより、貨幣価値が低下して物価が上昇したため、人々の生活が圧迫された。貿易開始にともなう生活環境の悪化の責任が、外国人にあると考えた人々が攘夷運動を行った。

＜ポイント＞

①貿易は、輸出額が輸入額を上回る輸出超過であった。

②輸出のため国内では品薄となり、物価が上昇した。

③外国人は、銀貨を持ち込んで金貨を海外に持ち出した。

④幕府は金貨の品位を下げた万延小判を鋳造した。

⑤貨幣価値が下落したことで物価が上昇し、人々の生活が圧迫された。

73 桜田門外の変

大老に就任した井伊直弼は、孝明天皇の勅許を得ずに通商条約の調印を断行した。さらに血統の近い紀伊藩主徳川慶福を13代将軍の継嗣に決定した。そして、反対派を安政の大獄で厳しく処罰した。このため、尊王攘夷をとなえる志士らの反発をかい、井伊直弼は暗殺された。

＜ポイント＞

①井伊直弼は無勅許で通商条約に調印した。

②南紀派の井伊直弼は、紀伊藩主徳川慶福を14代将軍に決定した。

③井伊直弼は、安政の大獄で反対派を厳しく処

罰した。

＜解説＞

＊安政の大獄で藩主徳川斉昭やその子一橋慶喜を処罰されたことにより、水戸藩では反幕感情が高まった。

74 大政奉還

(1)薩長両藩は同盟を結び武力で幕府を倒すことを考えるようになり、大政奉還と同じ日に討幕の密勅を手に入れた。

＜ポイント＞

①薩摩・長州両藩は薩長同盟を結び、武力倒幕を決意した。

②薩摩・長州両藩は討幕の密勅を手に入れていた。

(2)朝廷のもとに徳川主導の諸藩連合政権を樹立するという構想であった。

＜ポイント＞

①将軍が持つ政権をいったん朝廷に返還したのち、朝廷のもとで徳川主導の諸藩の連合政権を樹立する。

(3)倒幕派の標的にされるのを避け、機先を制して朝廷のもとで徳川主導による諸藩連合政権を樹立して、権力を保持しつづけるため。

＜ポイント＞

①大政奉還は、倒幕派の機先を制するために実行された。

②徳川慶喜は、大政奉還後も権力を保持しつづけようとした。

75 版籍奉還と廃藩置県

版籍奉還では、藩主から領地と領民が天皇に返還された。しかし、藩主が知藩事に任命さ

れて藩政にあたり、さらに徴税と軍事は各藩に属していたため、中央集権とはいえない状況にあった。そこで明治政府は、廃藩置県を断行して知藩事を罷免して東京に集住させ、かわりに中央政府が派遣した府知事・県令に地方政治を担わせることで中央集権化をはかった。

<ポイント>

①版籍奉還で、藩主は知藩事に任命され藩政にあたった。

②版籍奉還では、徴税と軍事は各藩に属していた。

③廃藩置県で知藩事は罷免され、東京集住が命じられた。

④廃藩置県後、中央政府が派遣した府知事・県令が地方行政にあたった。

76 地租改正

地租改正では、課税の基準を不安定な収穫高から地価に変更することで、国家の税収の安定がはかられた。課税方法を現物納から金納に改め、税率を地価の３％とし、地券所有者を納税者とした。地価の３％という税率は、江戸時代の年貢による収入を減らさない方針で決定されたため、農民の負担は**重い**ままであり、各地で地租改正反対一揆が発生した。このため1877年、政府は地租の税率を2.5％に引き下げた。

<ポイント>

①財政の安定化を目指して、課税の基準を収穫高から地価に変更した。

②課税方法を現物納から金納に改めて、税率を地価の３％とした。

③地券所有者を納税者とした。

④地価の３％という税率は、江戸時代の年貢による収入を減らさない方針で決められたため、従来通り重い負担であった。

⑤地租改正反対一揆が発生したことで、地租の税率が2.5％に引き下げられた。

77 太陽暦の採用

国・地方の役人の給与は月給制であったため、30年に11回の閏月がある旧暦から太陽暦に変更すると、その分の支出が削減できる。明治６年が閏月がある年であったため、財政状況の苦しかった明治政府は、この年に新暦を採用した。

<ポイント>

①旧暦では１年が13カ月の年があるが、新暦は12カ月である。

②役人に支払う給与を削減することができた。

<解説>

＊新暦の採用は、大隈重信らを中心に進められた。

78 文明開化

道路には鉄道馬車や人力車が行き交い、道路沿いには２階建てレンガ造りの建物やガス灯が立っている。また、洋装の人もみられ、それらが文明開化の風潮を表している。

<ポイント>

①道路に鉄道馬車や人力車が行き交っている。

②道路沿いに２階建てレンガ造りの建物やガス灯が立ち並んでいる。

③洋装の人々がみられる。

<解説>

＊明治政府は服装改革に着手し、1870（明治３）年に官員（役人）服・巡査服・鉄道員服などを定めた。

＊1883（明治16）年に外務卿の井上馨によって鹿

鳴館が建設され、洋装の男女の舞踏会を開催したところから、婦人洋装も広まった。

79　大阪会議

板垣退助と木戸孝允は、大久保利通とともに明治維新を成し遂げた同志であったが、朝鮮政策や台湾出兵問題をめぐる明治政府内部の対立の中で、参議を辞職した。明治政府の政策に対する多くの批判を受けた大久保は、2人を大阪会議に招いて、国会開設方針を決定して政府に復帰させることで政権の強化をはかった。

＜ポイント＞

①A：大久保利通・板垣退助・木戸孝允は、ともに明治維新で活躍した。

②B：板垣退助は、征韓論争に敗れて参議を辞職した。

③C：木戸孝允は、台湾出兵に反対して参議を辞職した。

④D：大久保利通は、2人を政府に復帰させようと大阪会議を開催した。

＜解説＞

＊大久保利通・木戸孝允・西郷隆盛の3人は、明治維新の最高指導者で「維新の三傑」と呼ばれた。

80　松方財政

松方正義の財政を緊縮するデフレ政策で、農村でつくられる米や繭などの価格が下落した。地租は定額金納であったため農民の負担は実質的に重くなり、地租が払えず多くの農民が土地を手放し、小作人の割合が増加した。また農村を離れて都市に貧民として流れ込む者も多かった。

＜ポイント＞

①デフレ政策で農産物価格が下落して、農民の収入が減少した。

②地租は定額金納であったため、デフレーション下でも額はかわらず、農民にとっては実質的に負担増となった。

③地租を払うことができなくなった自作農は、土地を売って小作人になったり、農村を出て都市に流れ込んだりした。

＜解説＞

＊デフレーションにより貿易は輸出超過となり、貿易収支は黒字となった。

＊農村から都市に流れ込んだ人々が、賃金労働者として日本の産業革命を支えることになった。

81　内地雑居問題

内地雑居を認めると、居留地が撤廃され外国人が日本国内の動産・不動産を購入するなどして、日本の領土が奪われてしまうことや、営業の自由化で外国資本が浸透し日本経済が支配されてしまうことが危惧された。また伝統的な日本文化が壊されてしまうことも懸念された。

＜ポイント＞

①外国人が日本の動産・不動産を購入することが危惧された。

②外国資本の浸透により、日本経済が支配されてしまうことが危惧された。

③外国文化の流入により、日本文化が壊されてしまうことが危惧された。

＜解説＞

＊安政の五カ国条約の規定では、外国人は居留地・開港場での居住および10里（約40km）四方の遊歩のみが認められていた。

82 日清戦争

(1)日本は**日朝修好条規**によって朝鮮を開国させ日本の影響下に置こうとした。しかし、当初は日本への接近を進めた**閔氏一族**の政権が、2回の事件を経て清国への依存を深め、日本の朝鮮に対する影響力が低下し、清国の朝鮮進出が強化された。

＜ポイント＞
①日本は日朝修好条規を結んで、朝鮮を開国させた。
②閔氏一族は、日本に接近した。
③事件後、閔氏一族は清国に依存し始めた。
④事件によって、日本の朝鮮に対する影響力が低下し、清国の朝鮮進出が強化された。

(2)近代以前、朝鮮は冊封体制下において宗主国である中国の朝貢国であった。近代に入り、朝鮮が第三国の支配下に入り植民地化されることを危惧した日本は、朝鮮を利益線として日本の勢力下に置こうとした。そのためには朝鮮を独立させ、中国と朝鮮の宗属関係を断ち切ることが必要不可欠であり、朝鮮支配をめぐって日清戦争が勃発した。

＜ポイント＞
①冊封体制下において、朝鮮は中国の属国であった。
②日本が朝鮮を利益線として設定する際、中国と朝鮮の宗属関係が障害となった。
③日本は中朝の宗属関係を断ち切るために日清戦争を開始した。

83 日清戦争後の日朝関係

日清戦争で宗主国であった清国が敗北したことで、朝鮮ではロシアの支援で日本に対抗する動きが強まった。日本の内政干渉を嫌った

閔妃らは、**三国干渉**を契機に親日派の**大院君**らを倒して、ロシアに接近していった。これに危機感を抱いた日本公使**三浦梧楼**は閔妃殺害事件を引き起こした。王妃を殺害された国王高宗はロシア公使館に逃れ、1897年に親露政権である**大韓帝国**が誕生した。

＜ポイント＞
①日清戦争で清国が敗れたあと、朝鮮はロシアに接近した。
②三国干渉後、親露派の閔妃らは親日派の大院君らを倒した。
③日本公使三浦梧楼は、親露派の閔妃を殺害した。
④国王の高宗は、親露政権である大韓帝国を誕生させた。

84 日露戦争

韓国が親露政権になったことは、日本にとって韓国がロシアの支配下に入ることにつながる重大事件だった。さらに北清事変後も韓国に近い**満洲**をロシアが軍事占領していたことは、韓国を自らの勢力下に置こうとしていた日本にとって脅威であった。こうした中、日本政府内には「**満韓交換**」との考えに基づいた日露協商論や、**イギリス**と同盟して韓国での権益を守ろうとする日英同盟論があった。日英同盟協約が成立したあとも、ロシアは**満洲**に駐兵し続けたため、この脅威を取り除く必要性から日本は日露戦争にふみきった。

＜ポイント＞
①大韓帝国は親露政権であった。
②北清事変後、ロシアは満洲における権益を清国に認めさせた。
③満洲は韓国と陸続きの地であった。
④満韓交換に基づく日露協商論があった。

⑤イギリスと同盟して韓国での権益を守ろうと
　する日英同盟論があった。
⑥日英同盟協約が締結されたあとも、ロシアは
　満洲での駐兵を続けた。

85　韓国併合

日本は第1次日韓協約を結んで、日本政府が
推薦する財政・外交顧問を韓国政府に置くこ
とを認めさせ、アメリカと**桂・タフト協定**を
結び、イギリスとは日英同盟協約を改定する
ことで、韓国の保護国化を列強に承認させた。
第2次日韓協約では韓国の**外交権**を奪って、
漢城に統監府を設置した。日本は**ハーグ密使
事件**を契機に高宗を退位させ、第3次日韓協
約を結んで韓国の**内政権**を奪い、さらに韓国
軍を解散させた。そして1910年、韓国併合条
約を結んで韓国を日本の植民地とし、統治機
関として朝鮮総督府を設置した。

＜ポイント＞

①日本は第1次日韓協約で、日本が推薦する財
　政・外交顧問を韓国政府に置くことを認めさ
　せた。
②日本はアメリカと桂・タフト協定を結び、イ
　ギリスとは日英同盟協約を改定して、韓国の
　保護国化を承認させた。
③日本は第2次日韓協約で、韓国の外交権を奪
　い、漢城に統監府を置いた。
④ハーグ密使事件を契機に、韓国皇帝高宗を退
　位させた。
⑤日本は第3次日韓協約で、韓国の内政権を奪
　い、韓国の軍隊を解散させた。
⑥1910（明治43）年、韓国併合条約が結ばれ、統
　治機関として朝鮮総督府が設置された。

86　山東半島問題

第一次世界大戦に際して、日本は**日英同盟協
約**を根拠としてドイツに宣戦布告した。そし
て山東省におけるドイツの権益を接収し、袁
世凱政府に**二十一カ条の要求**を行って、この
権益の継承を認めさせた。パリで開かれた第
一次世界大戦の講和会議で、中国は、日本の
ドイツ権益の継承について撤回を求めたが受
け入れられず、これに抗議する**五・四運動**が
起こったことなどから、ヴェルサイユ条約へ
の調印を拒否した。のちに開催されたワシン
トン会議で、日本は中国と山東問題について
話し合い、山東省権益を中国へ返還した。

＜ポイント＞

①第一次世界大戦で、日本は山東省のドイツ権
　益を接収した。
②日本は袁世凱政府に二十一カ条の要求を行い、
　山東省の権益を認めさせた。
③パリ講和会議で、日本は山東省の旧ドイツ権
　益の継承を認められた。
④中国は山東省における日本の旧ドイツ権益の
　継承に反対で、国内では五・四運動が起きた。
⑤ワシントン会議の場を借りて条約を結び、日
　本は山東半島の旧ドイツ権益を中国に返還し
　た。

87　産業革命

国産の繭を原料とする製糸業は、外貨獲得に
大きく貢献した。紡績業は原料の綿花を大量
に輸入していたため、貿易上赤字であり、そ
うした状況を生糸輸出で獲得した収益で補っ
ていた。また重工業が未熟であった日本は、
軍備拡張にともない海外から軍需品・鉄・重
工業資材などを輸入する必要があった。これ
らのものを輸入する際の資金は製糸業が賄っ

ているという自負が、製糸業に携わる工女た
ちの間に共有されていた。

<ポイント>

①製糸業は国産の繭を原料として、外貨獲得に
　貢献した。

②紡績業は原料の綿花を海外から輸入したため、
　貿易上赤字であった。

③軍需品や重工業資材は、海外からの輸入に頼
　っていた。

④工女は生糸で獲得した外貨が、日本の発展を
　支えていると自負した。

88　足尾鉱毒事件

日本にとって銅は、外貨を獲得するための重
要な輸出品であったため。

<ポイント>

①銅は日本の重要な輸出品であった。

<解説>

＊鉱毒問題の収拾をはかるため、政府は渡良瀬
　川下流にある谷中村を遊水地とした。

＊足尾銅山は、1973（昭和48）年に閉山した。

89　学制と教育令

学制は、地方の実情を無視した画一的な制度
であったため、政府内外から批判が起こり廃
止された。教育令では、全国画一の学区制を
廃して町村を小学校の設置単位とし、その管
理も地方に移管された。

<ポイント>

①学制は、地方の実情を無視した画一的な制度
　だった。

②学制は、政府内外からの批判を受けて廃止さ
　れた。

③教育令では、学区制を廃止して町村を小学校
　の設置単位とした。

90　大衆文化

小学校が義務教育となり、その授業料が1900
年に廃止され、日露戦争後には就学率が97％
を超えた。1920年代には中学校の生徒数も急
増し、また1918年に高等学校令や大学令が制
定されたことによって高等学校が増設され、
単科大学や公立・私立の大学の設置も認めら
れたことから、教育水準が向上した。

<ポイント>

①小学校は義務教育で、1900（明治33）年に義務
　教育授業料が廃止された。

②日露戦争後に小学校の就学率が97％を超えた。

③1920年代には中学校の生徒数が急増した。

④1918（大正9）年に、高等学校令・大学令が制
　定された。

91　農業恐慌

農村では、アメリカに向けて輸出される生糸
を生産するため養蚕が盛んであった。しかし
1929年の世界恐慌にともないアメリカの消費
が落ち込み、生糸の輸出が激減したことで農
家収入は大きく低下した。また昭和恐慌の影
響で農産物価格が暴落し、1930年の米の豊作
が米価をいっそう押し下げた。さらに不況の
ため兼業する機会も少なく、都市に働きに出
た者が帰農したために、農村は困窮し、農業
恐慌となった。

<ポイント>

①農村では養蚕が盛んであった。

②生産された生糸は、おもにアメリカに向けて
　輸出された。

③世界恐慌の影響で、アメリカの消費が落ち込
　んだ。

④アメリカへの生糸輸出が激減したことで、農
　家収入が低下した。

⑤昭和恐慌の影響で、農産物価格が暴落した。

⑥1930（昭和5）年の豊作の影響で、米価がいっそう下落した。

⑦不況のため兼業の機会が失われた。

⑧都市の失業者が帰農したことで、農村はいっそう困窮し、農業恐慌となった。

92　満洲事変

当時、**昭和恐慌**や農業恐慌で日本経済は低迷しており、満洲事変による新しい領土の獲得にともなう**雇用創出**や、軍需による日本経済の好転が期待できると考えられたため、国民に支持された。

＜ポイント＞

①昭和恐慌や農業恐慌により失業者が増加した。

②満洲事変により、関東軍が全満洲を支配下に置いた。

③国民は雇用創出や軍需による日本経済の好転を期待した。

93　軍部大臣現役武官制

軍部大臣現役武官制とは、現役の大将・中将以外は陸・海軍大臣に就任できない制度である。明治時代に政党の力が軍部におよぶのを防ぐために、第2次山県有朋内閣によって定められたが、軍部による内閣の倒閣に利用されていくことになる。大正時代に入ると、立憲政友会を与党とした山本権兵衛内閣のもとで、現役規定をやめ予備役・後備役の大将・中将にまで資格が拡大されたが、実際の就任例はなかった。昭和時代になると、二・二六事件後に成立した広田弘毅内閣は、陸軍の要求に従って軍部大臣現役武官制を復活させ、軍部が台頭した。

＜ポイント＞

①軍部大臣現役武官制は、現役の大将・中将以外は陸軍大臣・海軍大臣に就任できないという制度である。

②明治時代、政党の力が軍部におよぶのを阻止するために、第2次山県有朋内閣によって制定された。

③大正時代、立憲政友会を与党とした山本権兵衛内閣は、政党に配慮して制度を改めて、予備役・後備役の大将・中将にまで資格を拡大した。

④昭和時代、広田弘毅内閣は現役規定を復活させた。

94　近衛声明

近衛声明は、第1次近衛文麿内閣で出された日中戦争下の対中国政策に関する声明である。第1次声明で「国民政府を対手とせず」とし、国民政府との交渉による和平の可能性を自ら絶ち切ったため、戦争が長期化することとなった。日本政府は、戦争の目的が**東亜新秩序**の建設にあるとして、第2次・第3次の声明を出して中国内部の親日勢力を引き出して新政権を樹立させることで和平工作を実施しようとした。そして、国民政府の**汪兆銘**を重慶から脱出させ南京を首都とする新国民政府が樹立されたが、この政権は弱体で、重慶の国民政府は**援蔣ルート**を通じた援助を受けて抗戦を継続したため、政略は失敗した。

＜ポイント＞

①近衛声明は、第1次近衛文麿内閣で出された日中戦争に関する首相の声明である。

②第1次声明で「国民政府を対手とせず」とし、和平の可能性を絶ち切った。

③第2次・第3次の声明で、戦争の目的が東亜

新秩序の建設にあるとした。

④汪兆銘を重慶から脱出させて、南京に新国民政府を樹立させた。

⑤重慶の国民政府は、援蔣ルートを通じて物資を獲得して抗戦を続けた。

⑥近衛声明の結果、日中戦争は長期化した。

95 独ソ不可侵条約

ドイツはヴェルサイユ体制の打破を目指し、戦争を開始しようとしていた。ヨーロッパ諸国との戦争に向けて、ソ連からの攻撃を回避すべく、不可侵条約を締結した。当時、日本とドイツは防共協定を結ぶなどソ連を仮想敵国としており、ドイツがソ連と提携したことは、日本には予想外であった。さらにはノモンハンで日本軍はソ連軍と戦闘中であったこともあって、平沼内閣はこれに対応できずに総辞職した。

＜ポイント＞

①ドイツはヴェルサイユ体制の打破を目指した。

②ドイツはヨーロッパ諸国との戦争に備えて、背後を固める必要があった。

③日本はドイツと防共協定を結び、ソ連を仮想敵国としていた。

④独ソ不可侵条約は、日本にとって予想外の出来事であった。

⑤独ソ不可侵条約成立時、日本軍はソ連軍とノモンハンで戦闘中であった。

＜解説＞

＊ソ連側もヨーロッパの戦争に巻き込まれたくないという観点から、不可侵条約を締結した。

96 サイパン島の陥落

サイパン島と日本本土の距離は、アメリカのB29爆撃機が爆弾を搭載して往復することが

できる距離であったため、日本本土への空襲が本格化し、空襲を避けるために学童疎開などが行われた。

＜ポイント＞

①サイパン島は、B29爆撃機が飛び立ち、日本本土を爆撃したのちに戻ってくることができる距離にあった。

②サイパン島の陥落により、本土空襲が激化した。

③空襲を避けるために学童疎開などが行われた。

97 原子爆弾の投下

第二次世界大戦末期には、アメリカを盟主とする資本主義陣営とソ連を盟主とする共産主義陣営の対立がすでに始まっていた。アメリカは国際社会における発言権を強める必要性から、自国の軍事力を見せつけ、完成したばかりの原子爆弾を日本に投下した。これはソ連をけん制し威嚇する目的があったのではないかと考えられる。

＜ポイント＞

①アメリカとソ連が戦後社会で大きな影響力を持った。

②アメリカとソ連の対立は、大戦末期に始まっていた。

③アメリカはソ連をけん制すべく、原子爆弾を日本に投下したとも考えられる。

98 戦後の民主化政策

戦前は、財閥による日本経済の独占が多くの低所得者層を生み出し、また農地の約46％が小作地で小作人は地主による高額な小作料に苦しんでいた。こうした低所得者層・農民層の窮乏が日本の対外侵略の動機になったとGHQは考えていた。このような構造を変革

するために、財閥解体や農地改革、労働条件
の改善を求める労働組合の結成支援などの政
策が進められた。

＜ポイント＞

①財閥による経済の独占が、多くの低所得者層
　を生んだ。

②高い小作地率と小作料が、農民を窮乏させた。

③低所得者層・農民層の窮乏によって、日本の
　対外侵略が支持された。

④GHQは、従来の構造を変革しようと、財閥解
　体や農地改革を推進した。

⑤GHQは、労働条件の改善を求める労働組合の
　結成を支援した。

99　生活の混乱

1945年は、戦争による被害に加え、記録的な
凶作により食糧不足が深刻化した。米の配給
も不足してサツマイモやトウモロコシなどの
代用食にかえられ、さらに遅配・欠配も続い
たため、都市に住む人々は闇市での闇買いや、
農村への買出しを行った。

＜ポイント＞

①1945（昭和20）年の凶作で、食糧不足が深刻と
　なった。

②米の配給が不足したため、サツマイモなどの
　代用食にかえられた。

③国からの配給の遅配・欠配が続いた。

④闇市での闇買いや、農村への買出しが行われ
　た。

＜解説＞

＊政府は、配給だけでは1000万人が餓死すると
　予測していた。

100　日本経済の推移

(1)極度の物不足に加え、臨時軍事費が大量に

支払われた。そのほかに、日本銀行の対民間
貸出しの増加などがあり、猛烈なインフレー
ションが起きた。

＜ポイント＞

①物不足に加え、終戦処理で通貨が増発された
　ことで、インフレーションが起こった。

(2)インフレーションに対応するため、政府は
金融緊急措置令を発令して預金を封鎖した上
で、旧円の流通を禁止して新円の引き出しを
制限した。こうして通貨流通量を減少させよ
うとしたが、効果は一時的であった。その後、
政府は傾斜生産方式を採用し、復興金融金庫
を創設して重要な産業に資金を供給する政策
を実施したため、国内に多くの貨幣が流通す
ることになりインフレーションが助長された。

＜ポイント＞

①金融緊急措置令は、貨幣流通量を減少させる
　ことで、インフレーションを抑制する政策で
　あった。

②傾斜生産方式により、復興金融金庫を通して
　基幹産業に資金が供給されたことで、貨幣流
　通量が増加しインフレーションが進行した。

(3)GHQは経済安定九原則の実行を指令した。
日本政府はドッジ＝ラインに基づいて、赤字
を認めない予算を編成し、財政支出を大幅に
削減した。この政策によってインフレーショ
ンは収拾したが、不況が深刻化した。

＜ポイント＞

①インフレーションを抑制するため、GHQは経
　済安定九原則の実行を指令した。

②政府は、ドッジ＝ラインによって財政支出を
　削減した。

③日本経済はインフレーションから、深刻な不

況に陥った。

101　特需景気

1953年7月、板門店で休戦協定が調印され戦争が中断したため、物資に対する需要が落ち込んだと考えられる。サービスが物資を上回るようになった要因は、戦争で破壊された建物の建設や、自動車修理などのサービスに対する需要が増加したためと考えられる。

<ポイント>

①朝鮮戦争は、1953（昭和28）年7月に休戦協定が調印された。

②休戦協定の調印以前は、戦争遂行のための物資への需要が高かった。

③休戦協定の調印以降は、戦争で破壊された建物の建設や、自動車修理などのサービスへの需要が高まった。

102　安保条約の改定

第5条の規定では、日本の領土内で日本とアメリカのいずれかに武力攻撃が加えられた場合は、共同で戦うことが明記されている。当時は米ソが対立する冷戦という国際社会の中で、この条約によるとアメリカと共産主義陣営との間で引き起こされる戦争に、日本が巻き込まれる事態が想定されたため、激しい反対運動が起こった。

<ポイント>

①日本国の領土内において、日米いずれかに対する武力攻撃があった場合、共同行動をとることを宣言している。

②資本主義陣営と共産主義陣営の戦争に巻き込まれる可能性を危惧した国民によって、激しい反対運動が起こった。

<解説>

＊60年安保闘争で東京大学の女子学生 樺 美智子が死亡し、国内外に衝撃を与えた。

＊60年安保闘争により、アイゼンハワー米大統領の訪日が中止された。

103　国民所得倍増計画

前政権の岸信介内閣の時に起こった60年安保闘争では、日本政府は革新勢力側の人々と対決する構図となった。池田内閣は、国民所得を2倍にするというわかりやすいスローガンを打ち出して、政治の中心課題を外交問題から経済問題に移すことによって、革新勢力側の人々と真正面から対立することを避けようとした。

<ポイント>

①政府は60年安保闘争で、革新勢力や全学連などと全面的に対立した。

②池田内閣は、国民の政治不信を払拭する必要性を感じた。

③池田内閣は、所得倍増をスローガンにして国民をまとめようとした。

④池田内閣は、政治の中心課題を外交問題から経済問題に移した。

⑤池田内閣は、革新勢力側との全面的な対立を避けた。

104　減反政策

日本の主食の中心は米であったが、食の多様化により米の需要が落ち込み、供給過剰の状態が続いた。こうした中、食糧管理法に基づいて消費者価格を上回る金額で米の生産者から政府が米を買い上げていたため、食糧管理特別会計の赤字が問題となり、この問題を解消する必要から減反政策が実施された。

<ポイント>

①戦前の日本は食糧管理法を制定して、国民の食糧を確保した。

②食生活が洋風化したことで、米の需要が減少した。

③米の買い上げ価格が消費者価格より高かったため、ぼう大な赤字が生じた。

④食料管理特別会計の赤字問題を解消する必要から、減反政策が始まった。

<解説>

＊食糧管理法は1994（平成6）年に廃止された。

105 革新自治体

高度経済成長期は、政府が経済成長を優先したため、急激な工業化・都市化に対して対応が遅れた。その結果、産業公害・交通渋滞・騒音問題が発生し、さらには住宅・病院・学校が不足するなどの問題も起こり、地域住民がその解決を革新勢力に求めたことが背景にあった。

<ポイント>

①政府は経済成長を優先したため、公害対策が遅れた。

②地域住民は、環境・都市問題などの社会問題を重視した。

③革新自治体は、公害問題や福祉政策に取り組んだ。

106 ニクソン＝ショック

ニクソン大統領は、財政悪化の一因であった**ベトナム戦争**を終わらせるため、中華人民共和国を通じて北ベトナムとの和平を引き出そうと中華人民共和国への接近をはかった。米中接近を受けて、**田中角栄**首相は訪中して日中共同声明を発表し、日中国交正常化を実現

した。これにともなって台湾の**国民政府**との国交は断絶した。

<ポイント>

①ベトナム戦争は、アメリカの財政悪化の一因となっていた。

②ニクソン米大統領は、北ベトナムとの和平を引き出す目的から、中華人民共和国への接近をはかった。

③田中角栄内閣は、米中接近を受けて日中国交正常化を実現した。

④日本と台湾の国民政府との外交関係が断絶した。

<解説>

＊ニクソン大統領による経済政策をニクソン＝ショックと呼ぶ。金とドルとの交換停止、10％の輸入課徴金を含む8項目におよぶ経済政策の変更をいう。

107 貿易摩擦

日本の工場でつくられた安価な自動車が大量にアメリカに輸出された結果、自動車産業に従事するアメリカ人労働者の雇用が脅かされた。このため、彼らはアメリカ国内に日本の自動車工場をつくることを訴えた。こうすることで、アメリカ人労働者が雇用され、アメリカ製の部品が使われることになり、アメリカ経済が活性化されると考えられた。

<ポイント>

①日本の工場でつくられた安価な自動車が、アメリカに輸出された。

②アメリカ車の売り上げが減少して、自動車産業に従事する労働者の雇用が脅かされた。

③アメリカ人労働者は、アメリカ国内に日本の自動車工場をつくって、アメリカ人を雇用することを求めた。

108 バブル経済

1985年の**プラザ合意**でドル高が是正され、円高が一気に加速し、日本では輸出産業を中心に不況が深刻化する**円高不況**に陥った。こうした状況に対応するため、**超低金利政策**などの金融緩和政策が推進された。これにより金融機関や企業は余った資金を株式や不動産にまわしたことから、株価や地価が高騰してバブル経済が発生した。

＜ポイント＞

①主要五カ国によるドル高是正の合意をプラザ合意という。

②日本では円高の影響で輸出がふるわず、円高不況に陥った。

③日本は景気の落ち込みに対して、超低金利政策などの金融緩和政策を実施した。

④金融機関や企業などの余剰資金が株式市場や不動産市場に流れ、バブル経済が発生した。

書いて深める日本史 論述問題集 第2版 解答例

2024年7月 第2版発行

編 者 本保泰良
発行者 野澤武史
印刷所 信毎書籍印刷株式会社
製本所 有限会社 穴口製本所

発行所 株式会社 山川出版社
〒101-0047 東京都千代田区内神田1-13-13
電話 03-3293-8131(営業) 03-3293-8135(編集)
https://www.yamakawa.co.jp/

ISBN978-4-634-01228-8 NYZS0201